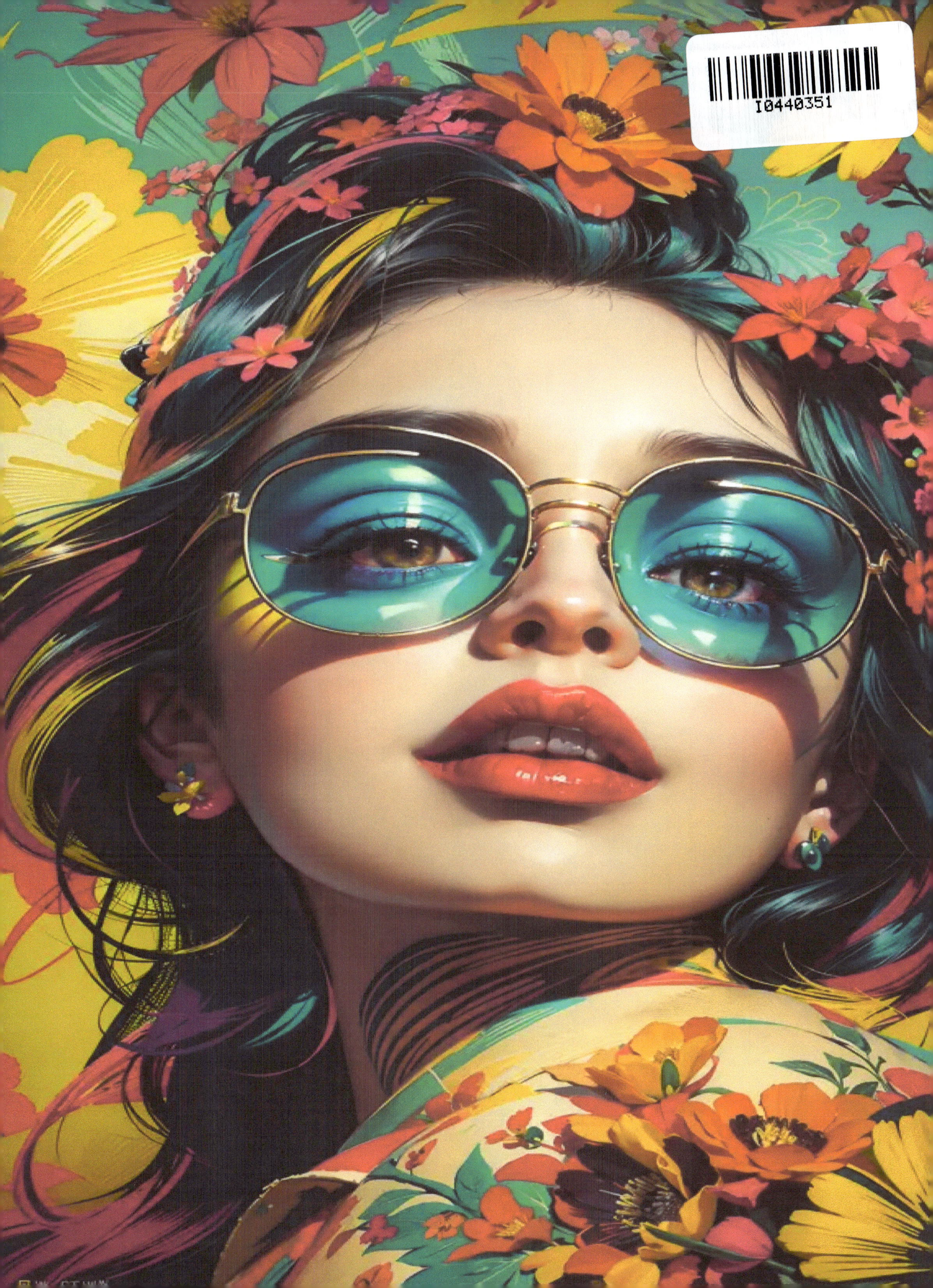

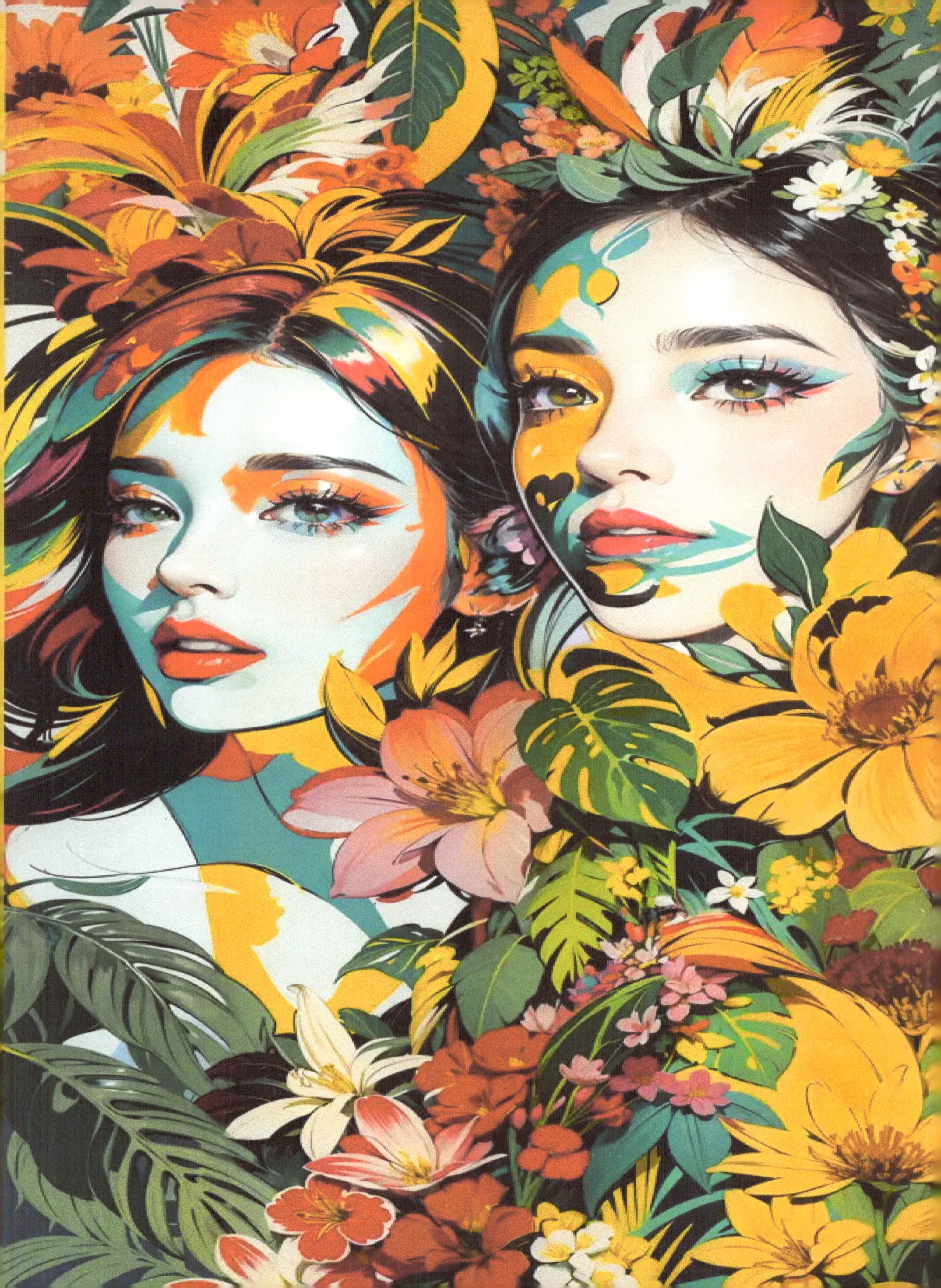

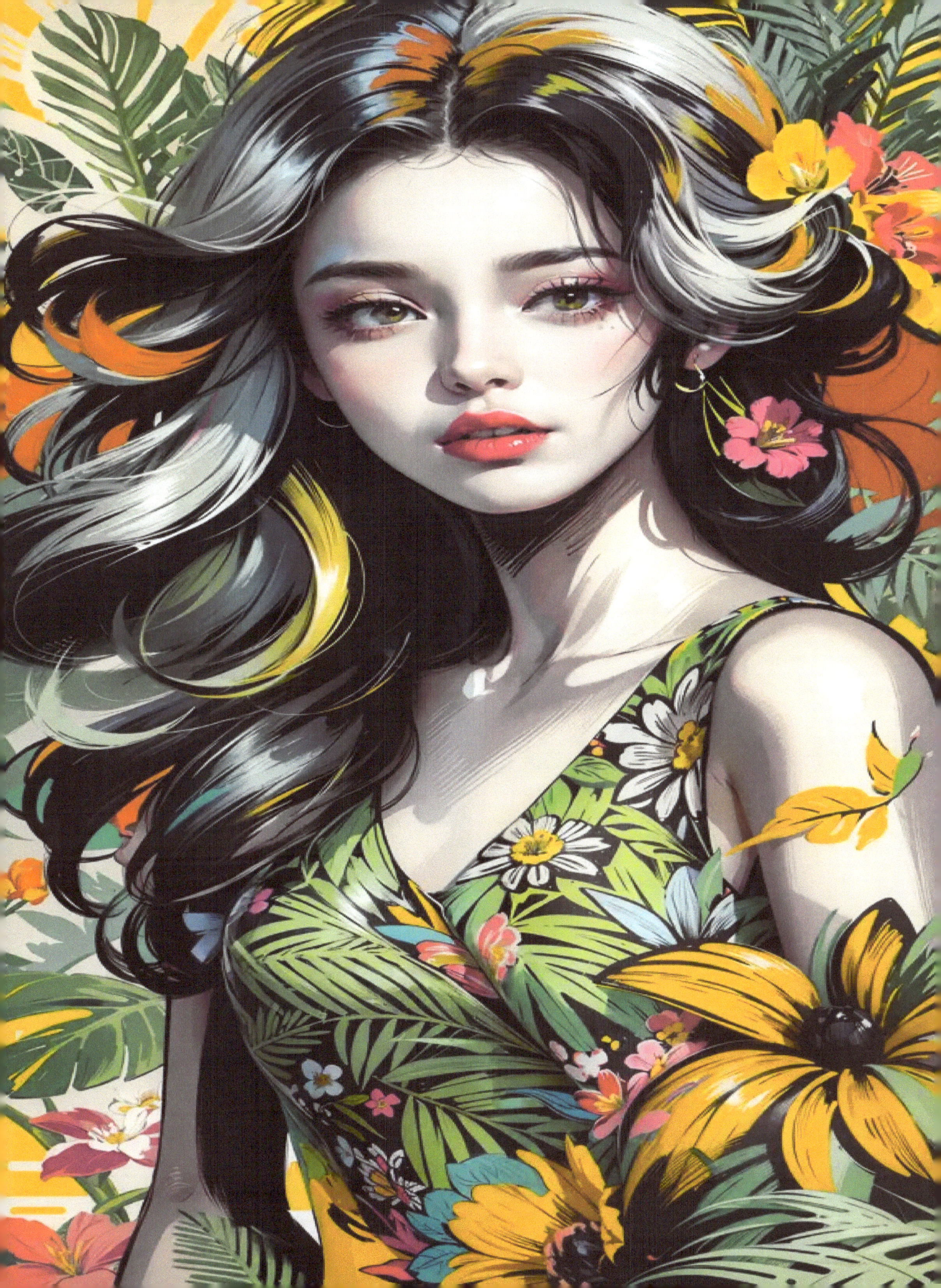

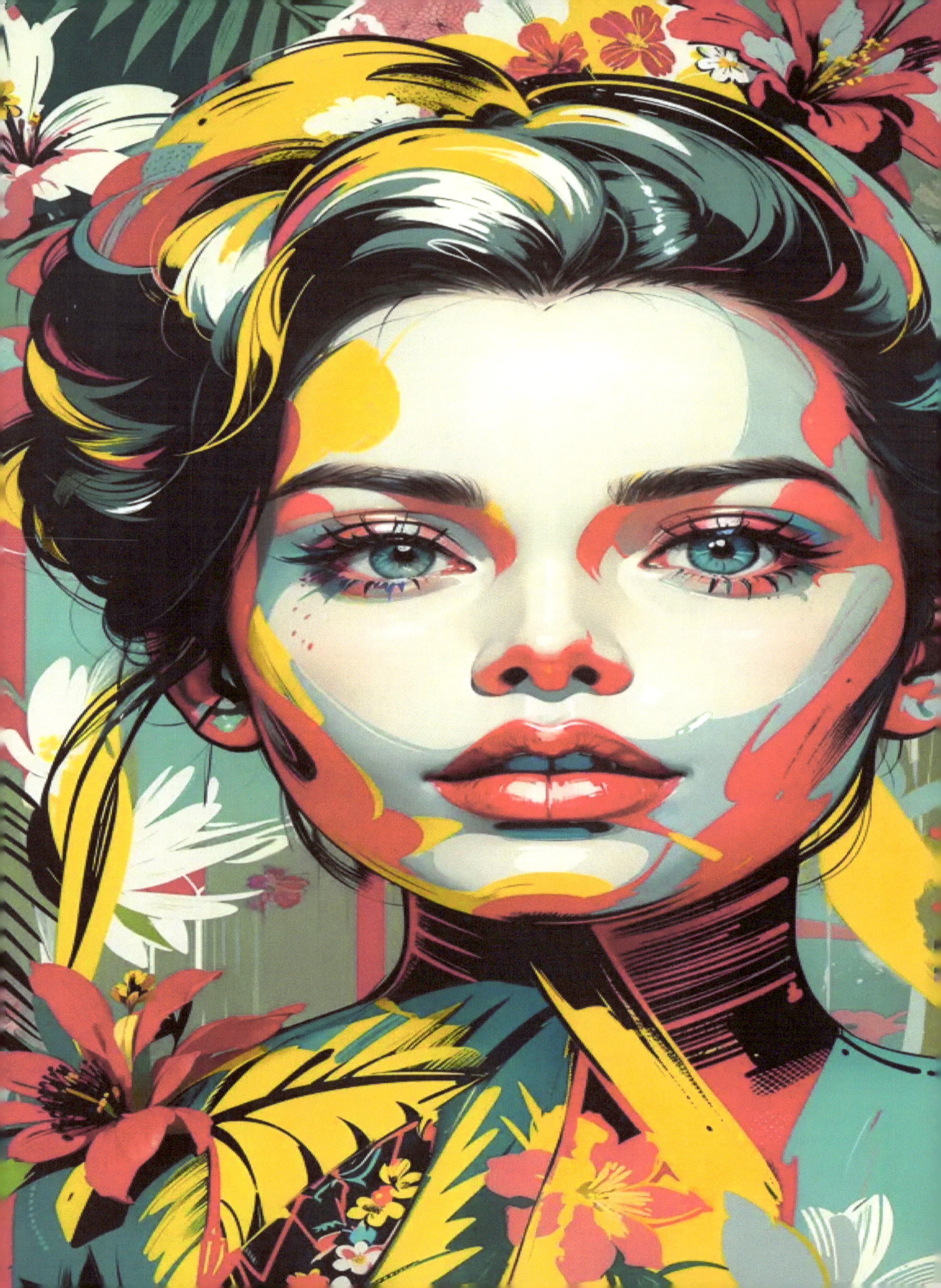

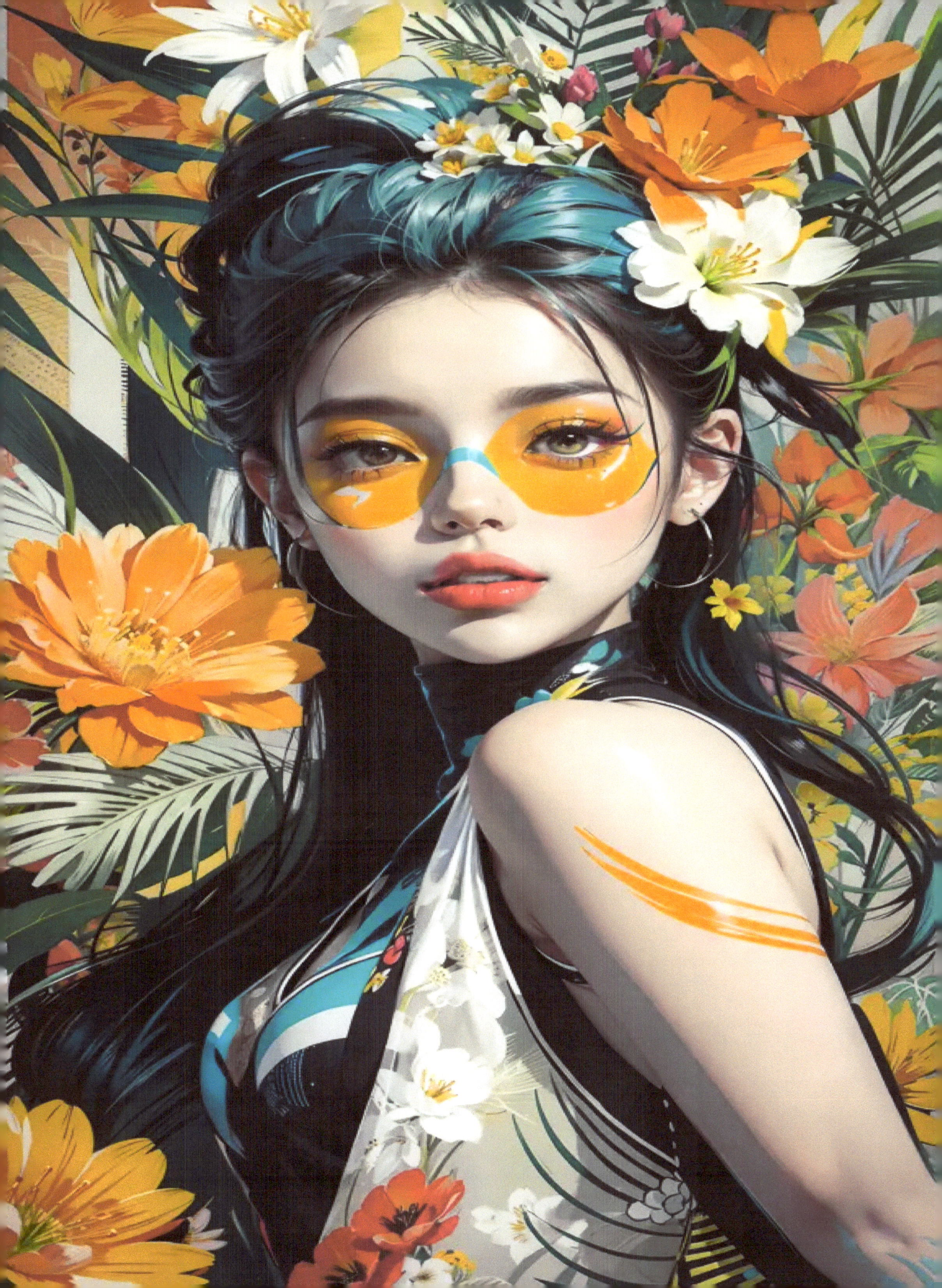

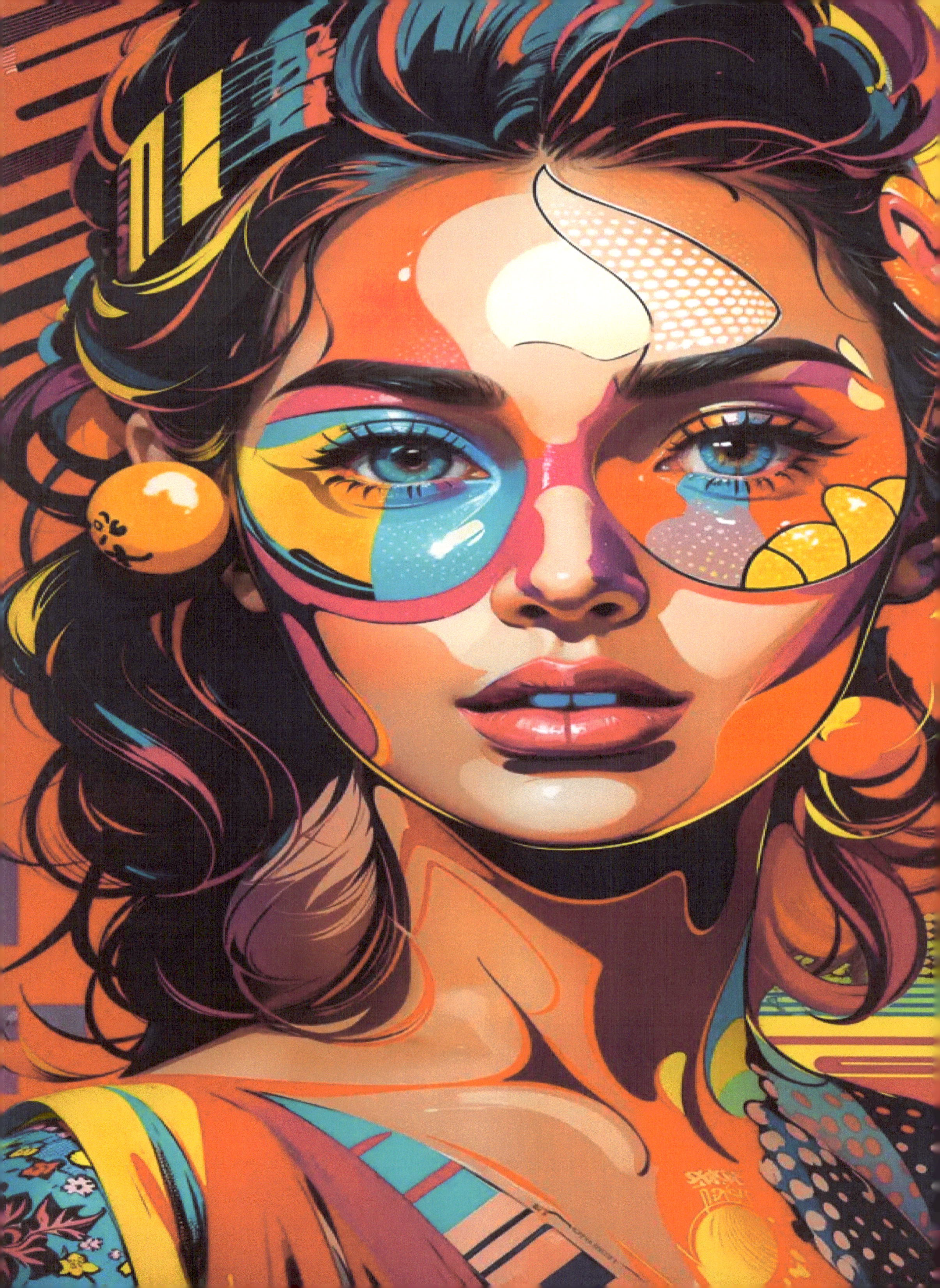

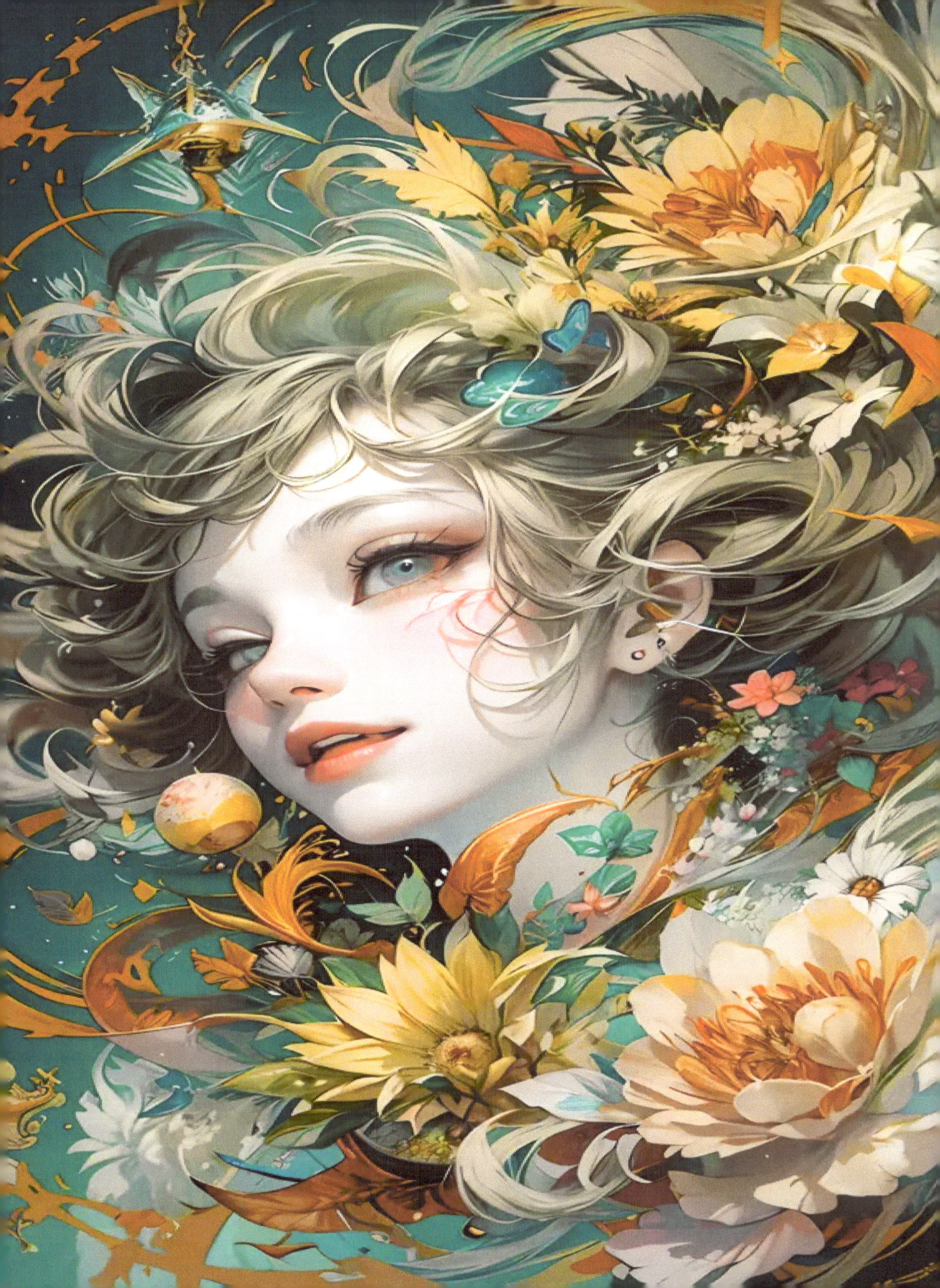

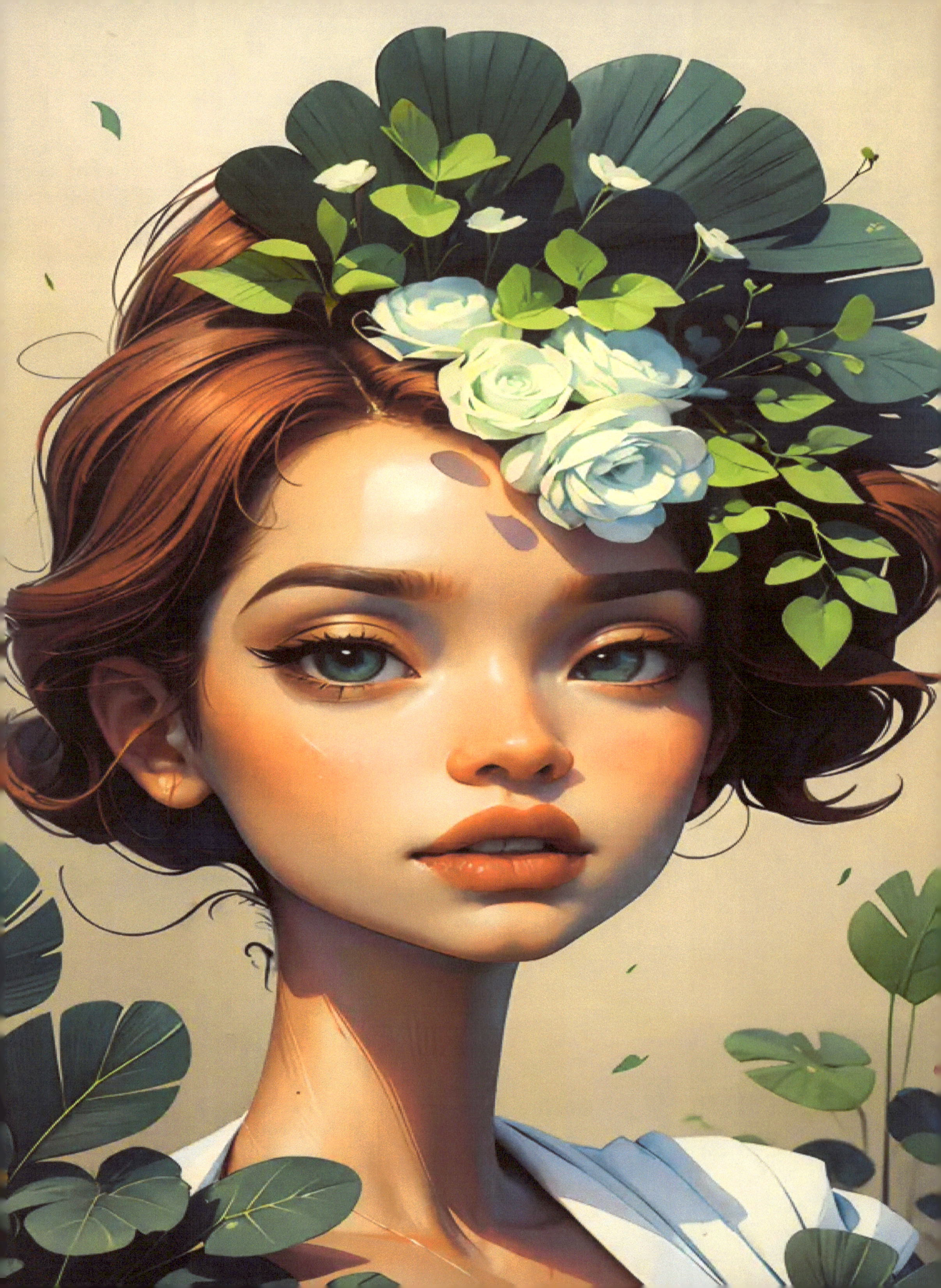

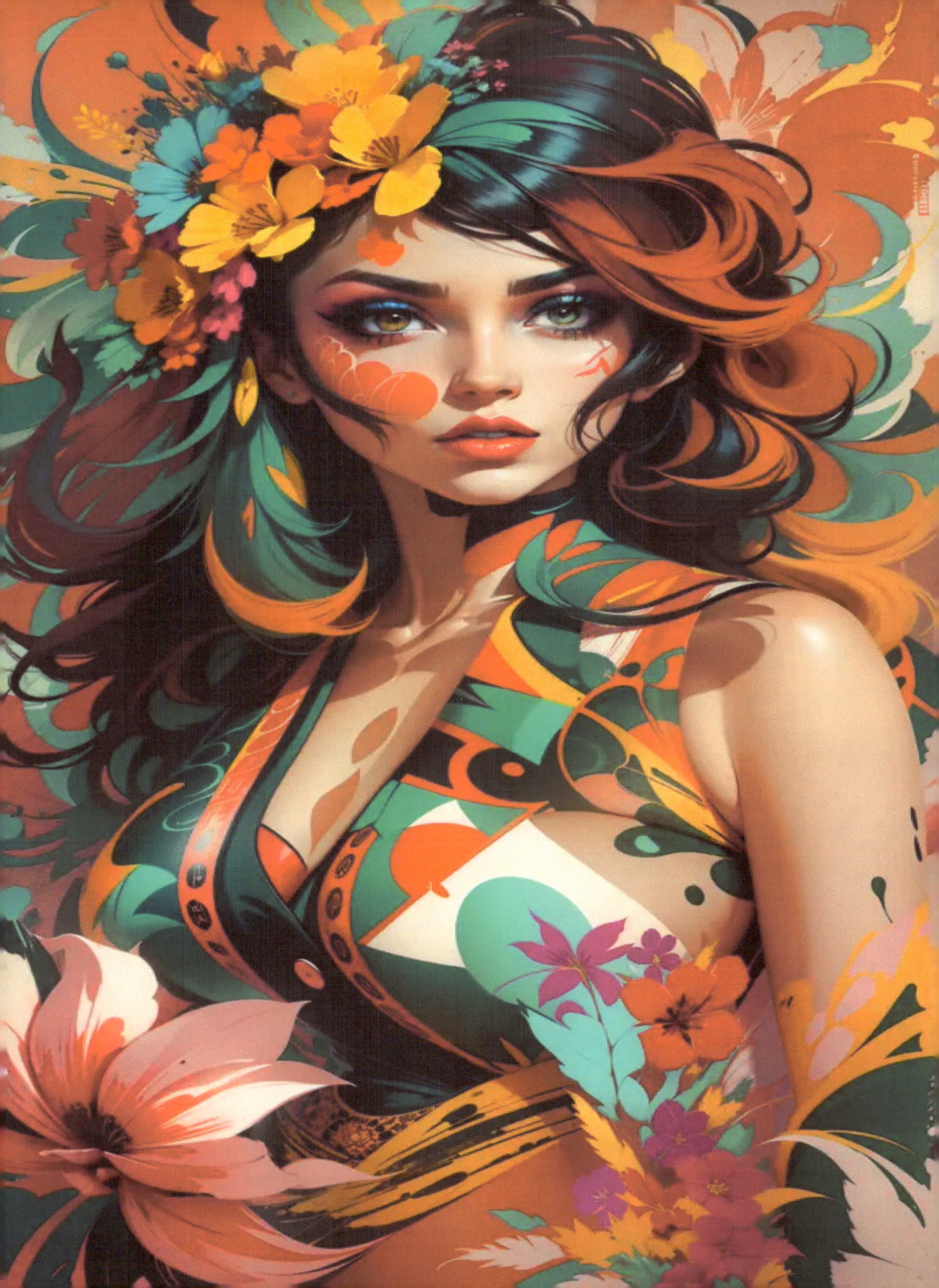

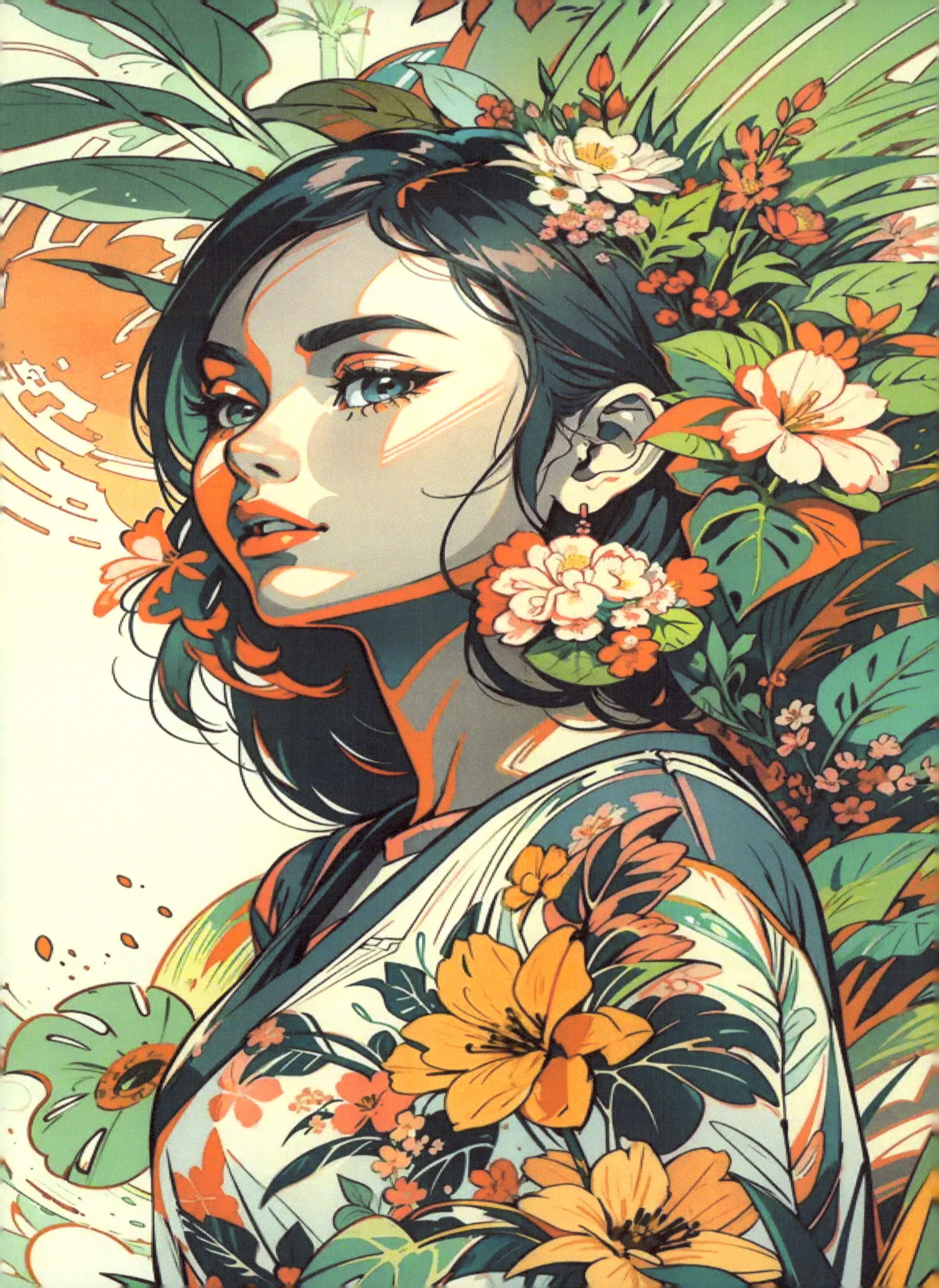

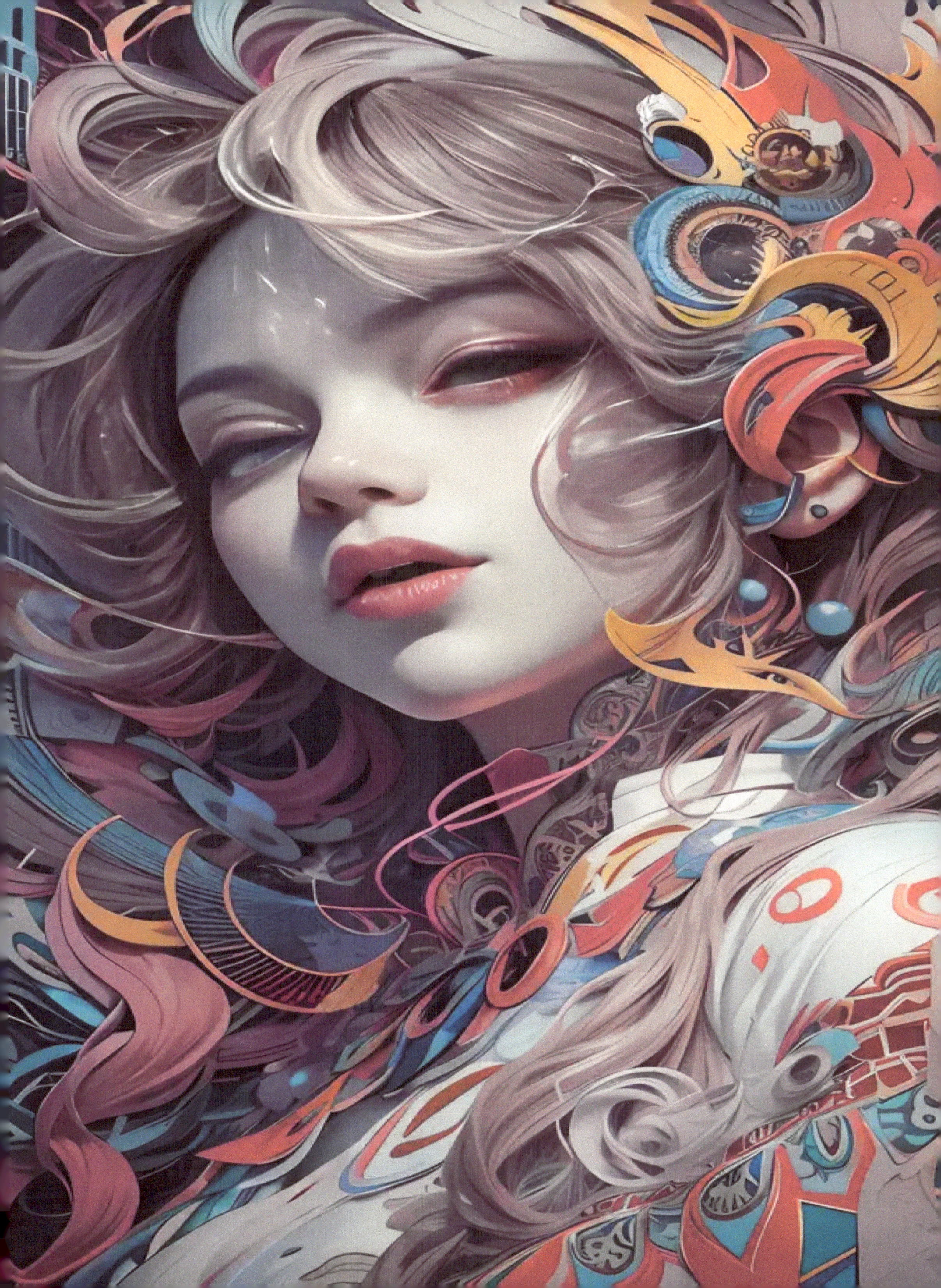

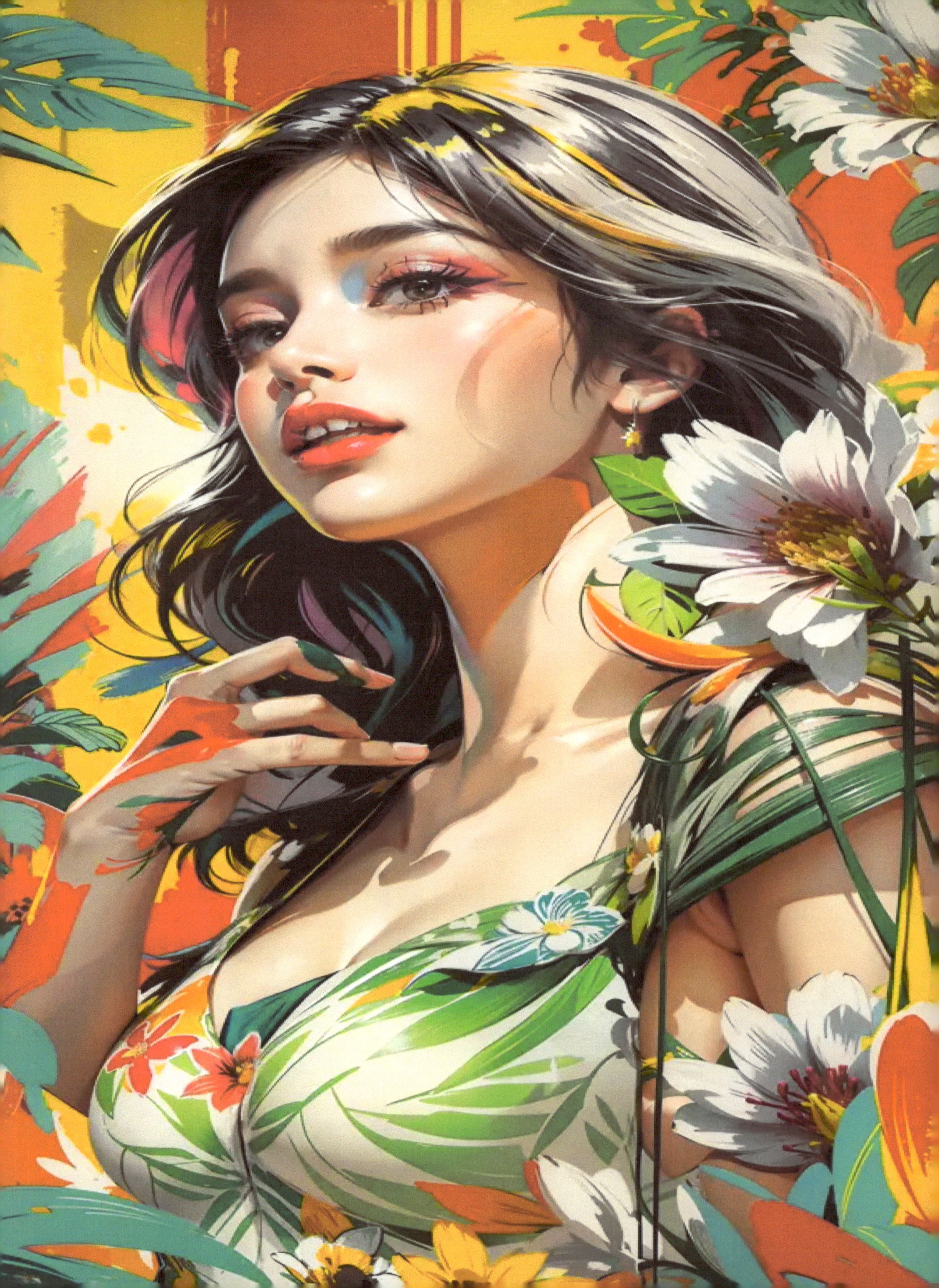

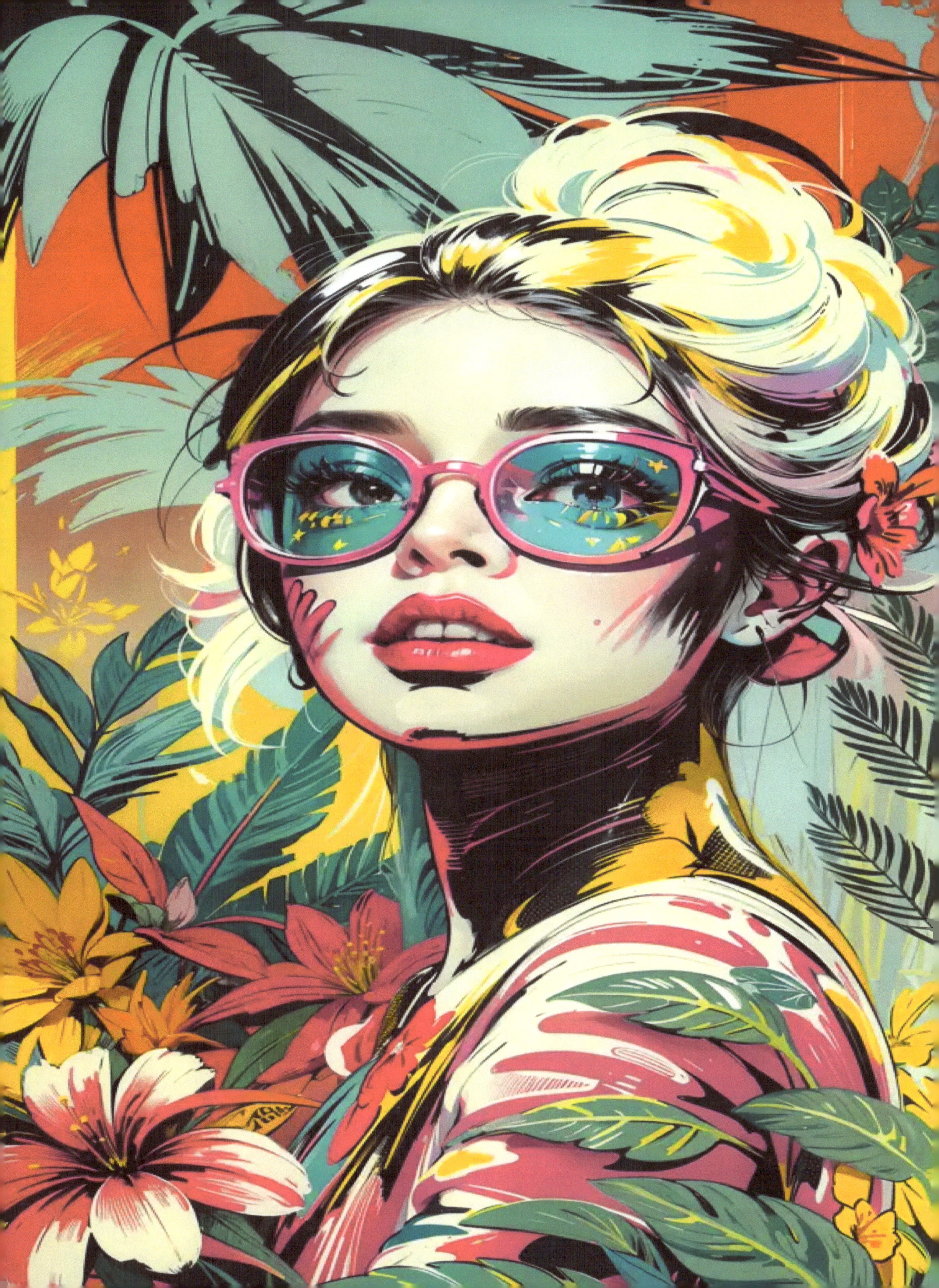

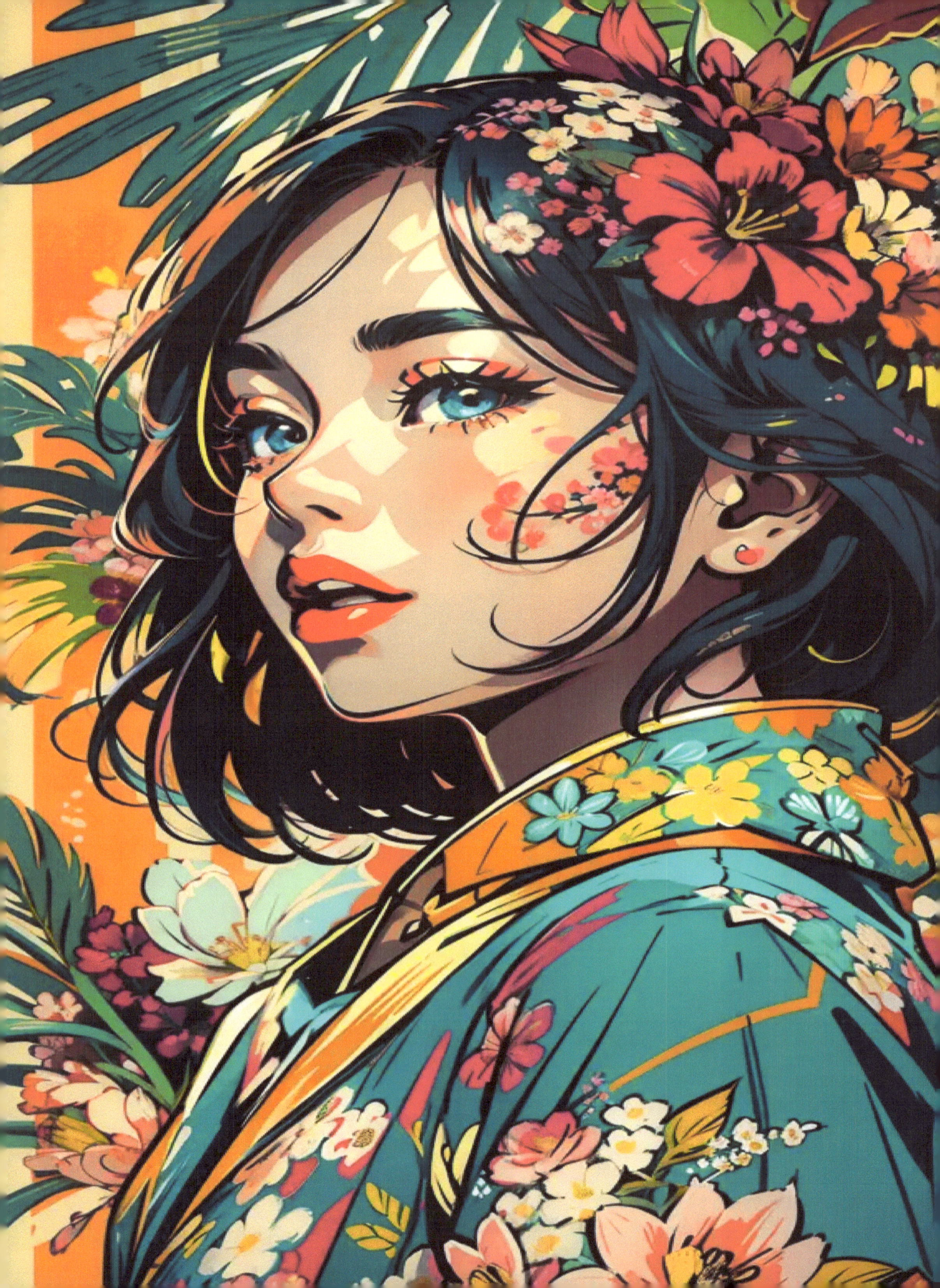

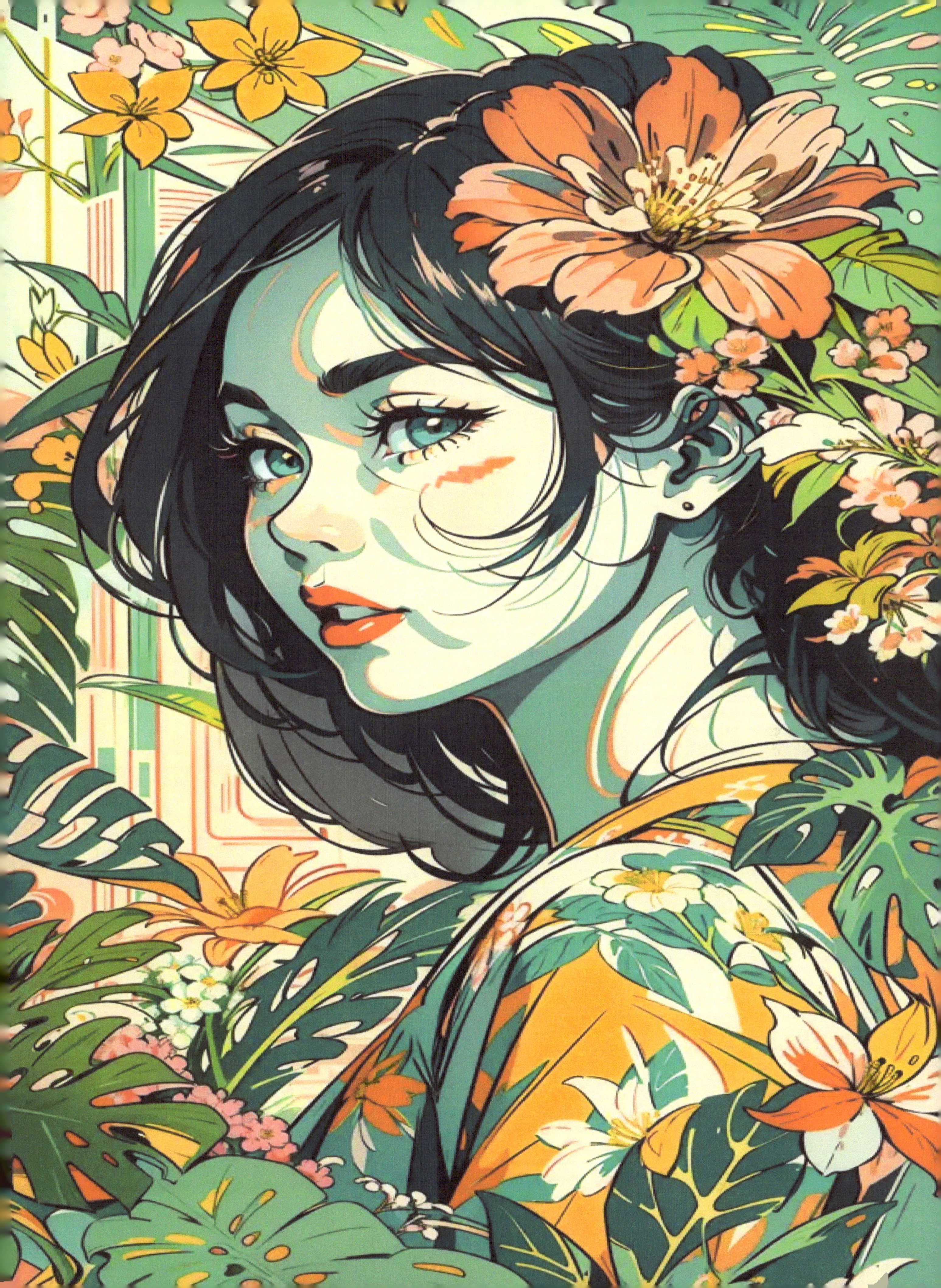

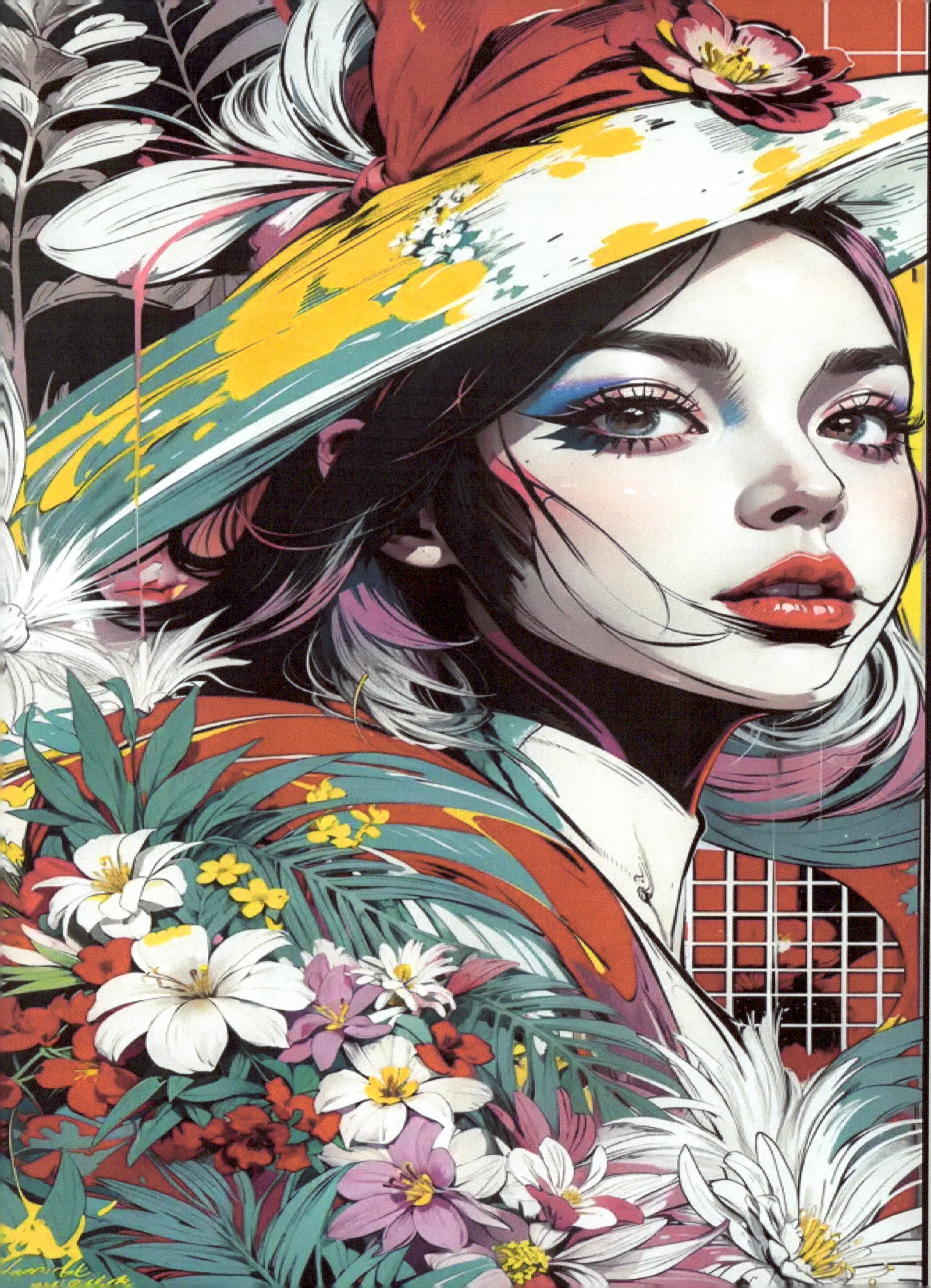

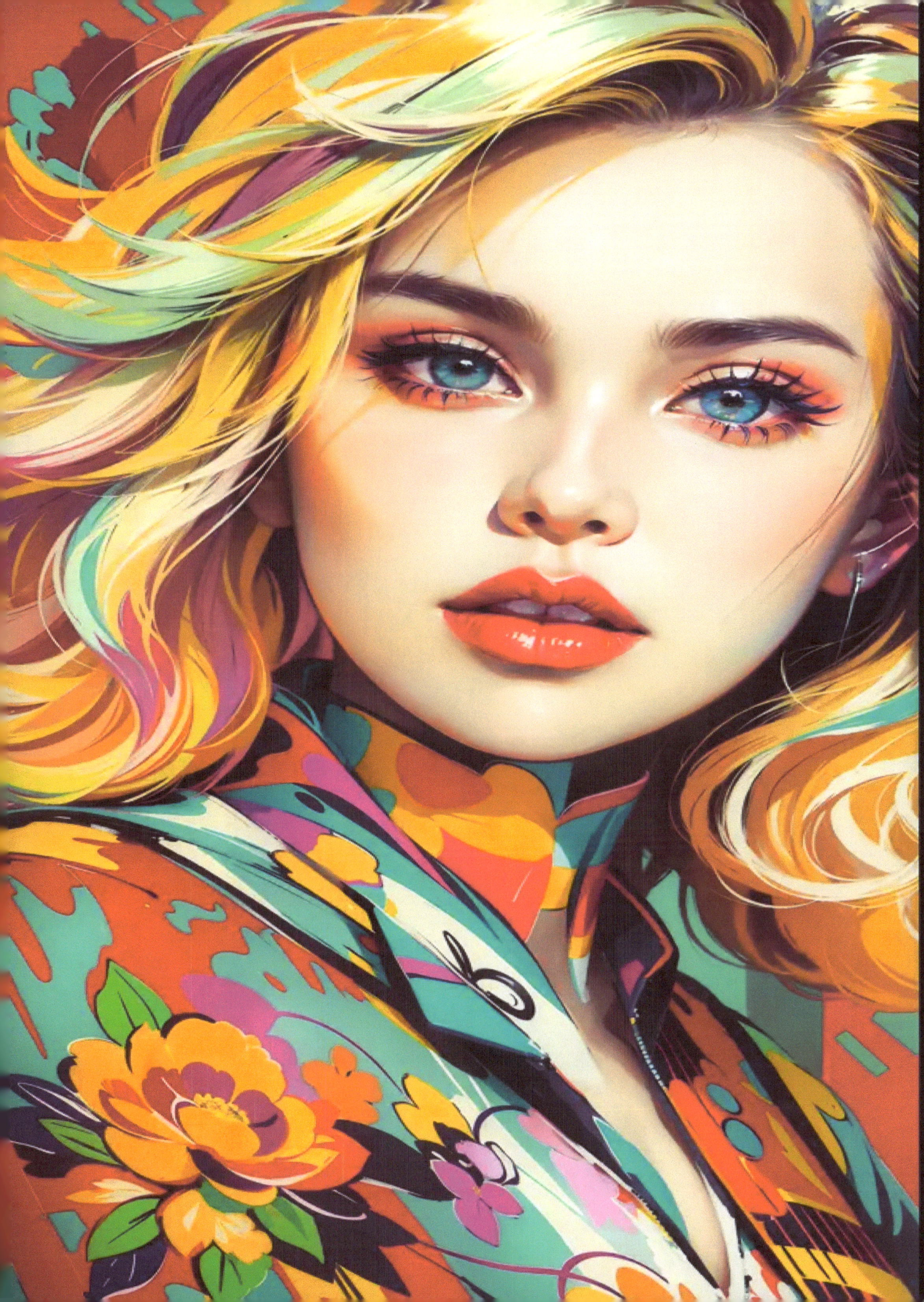

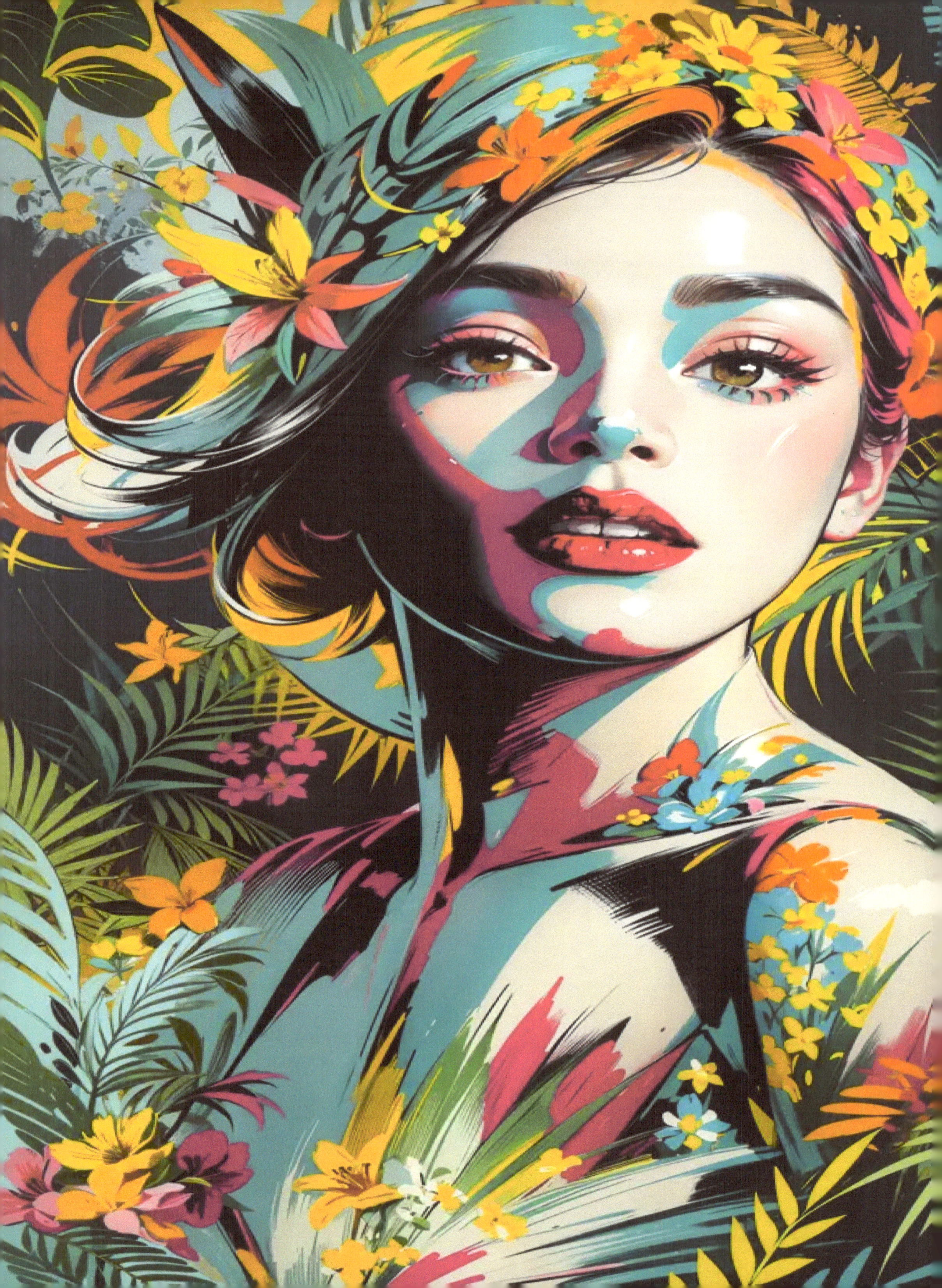

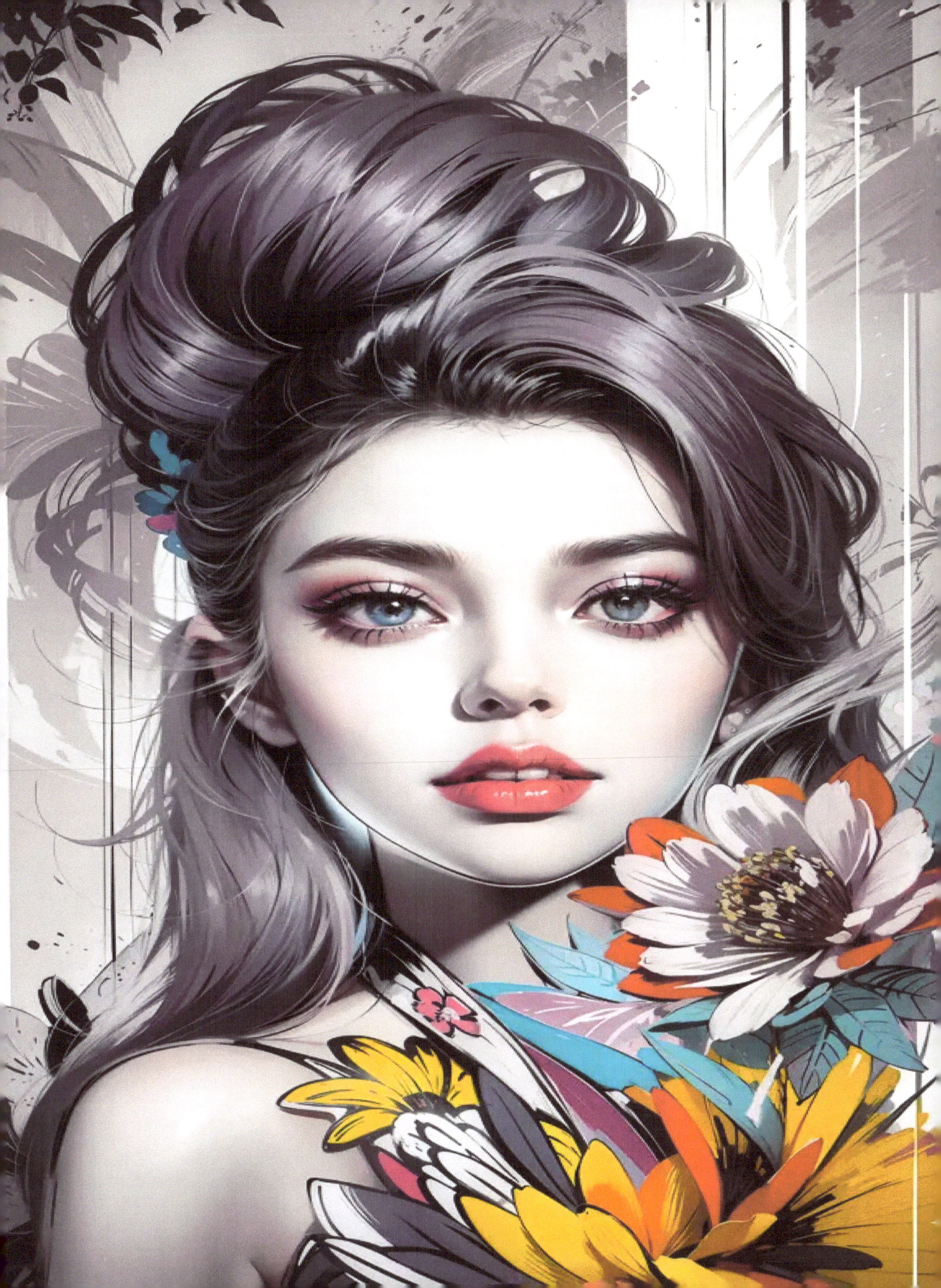

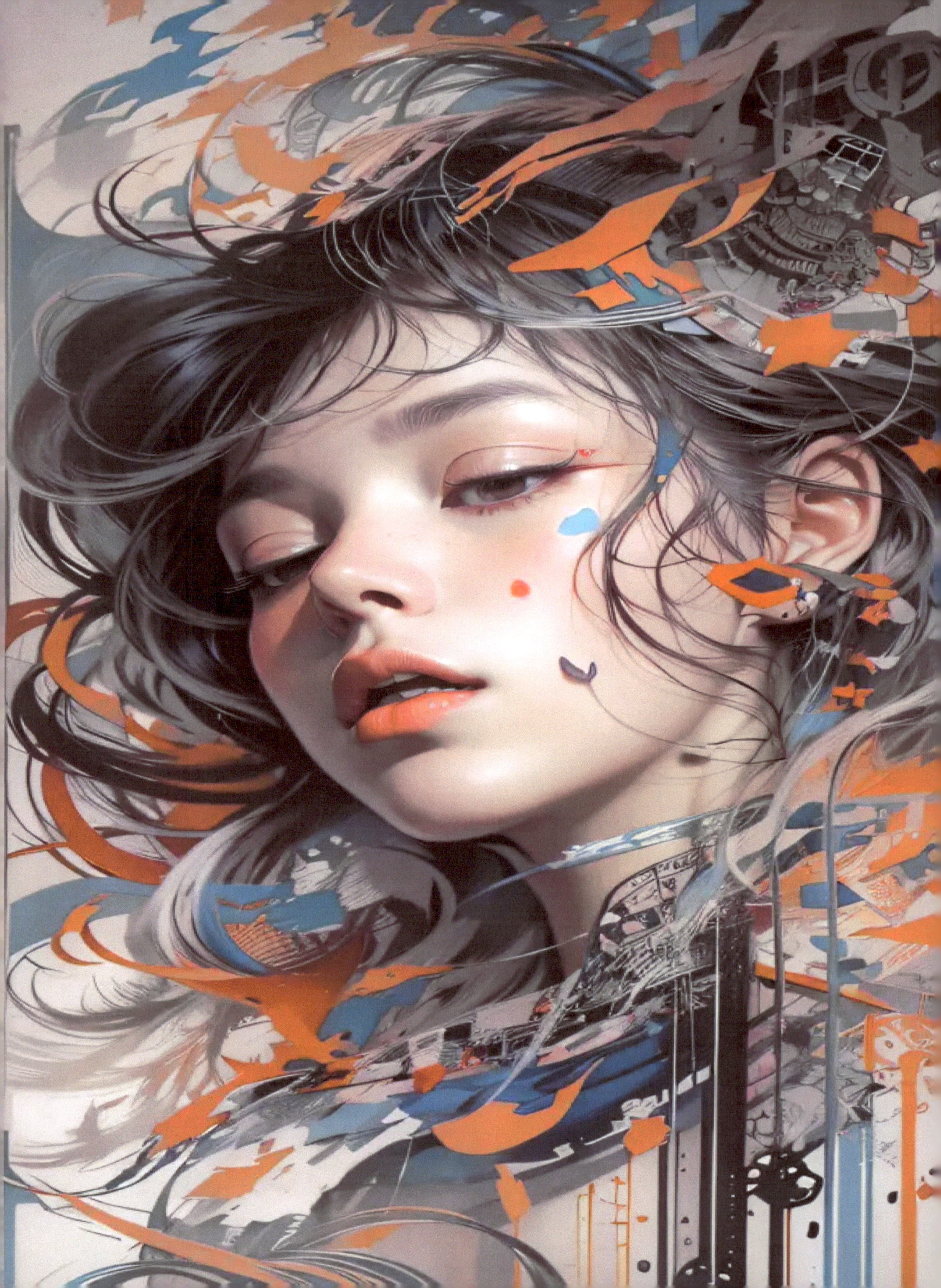

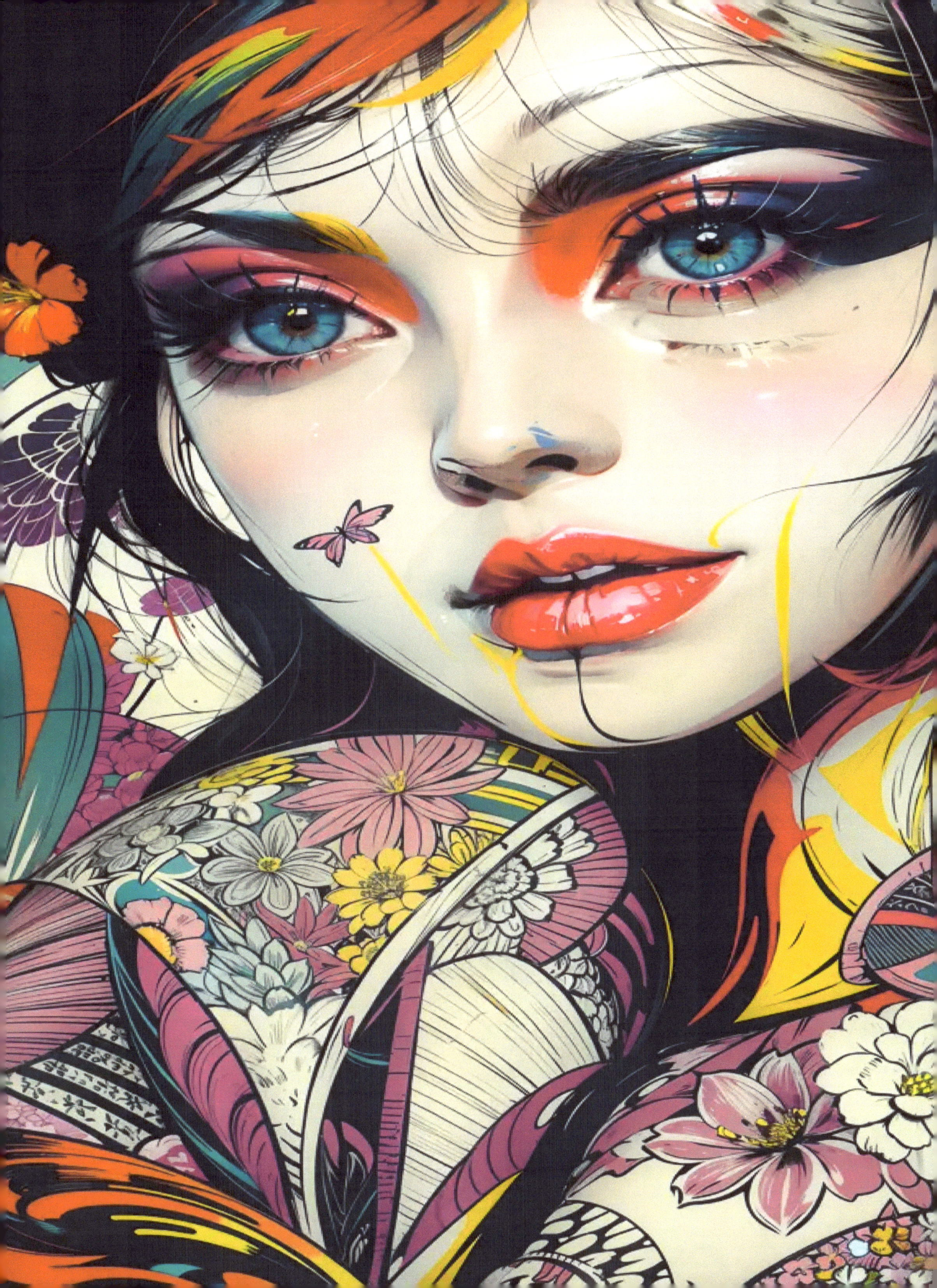

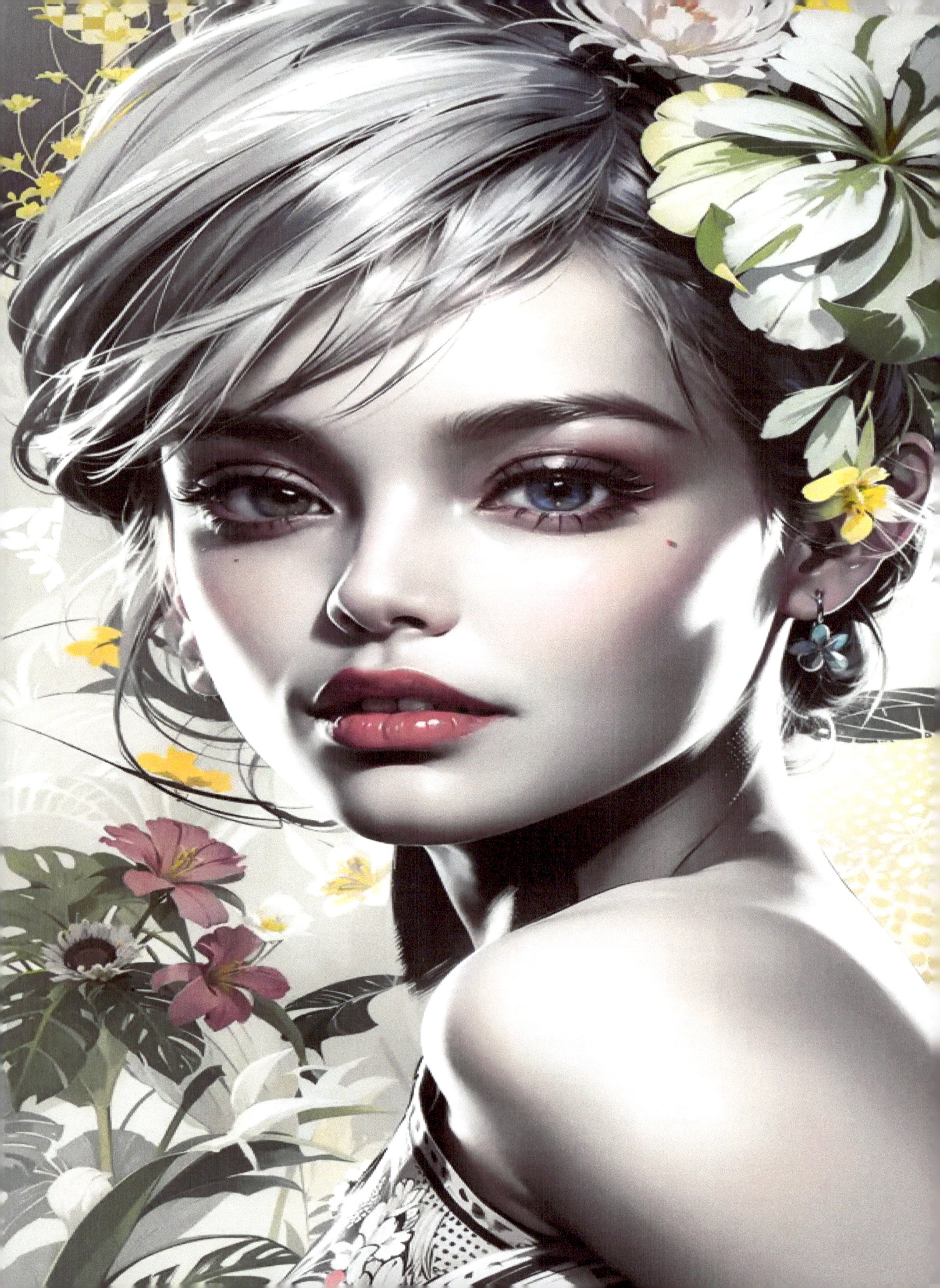

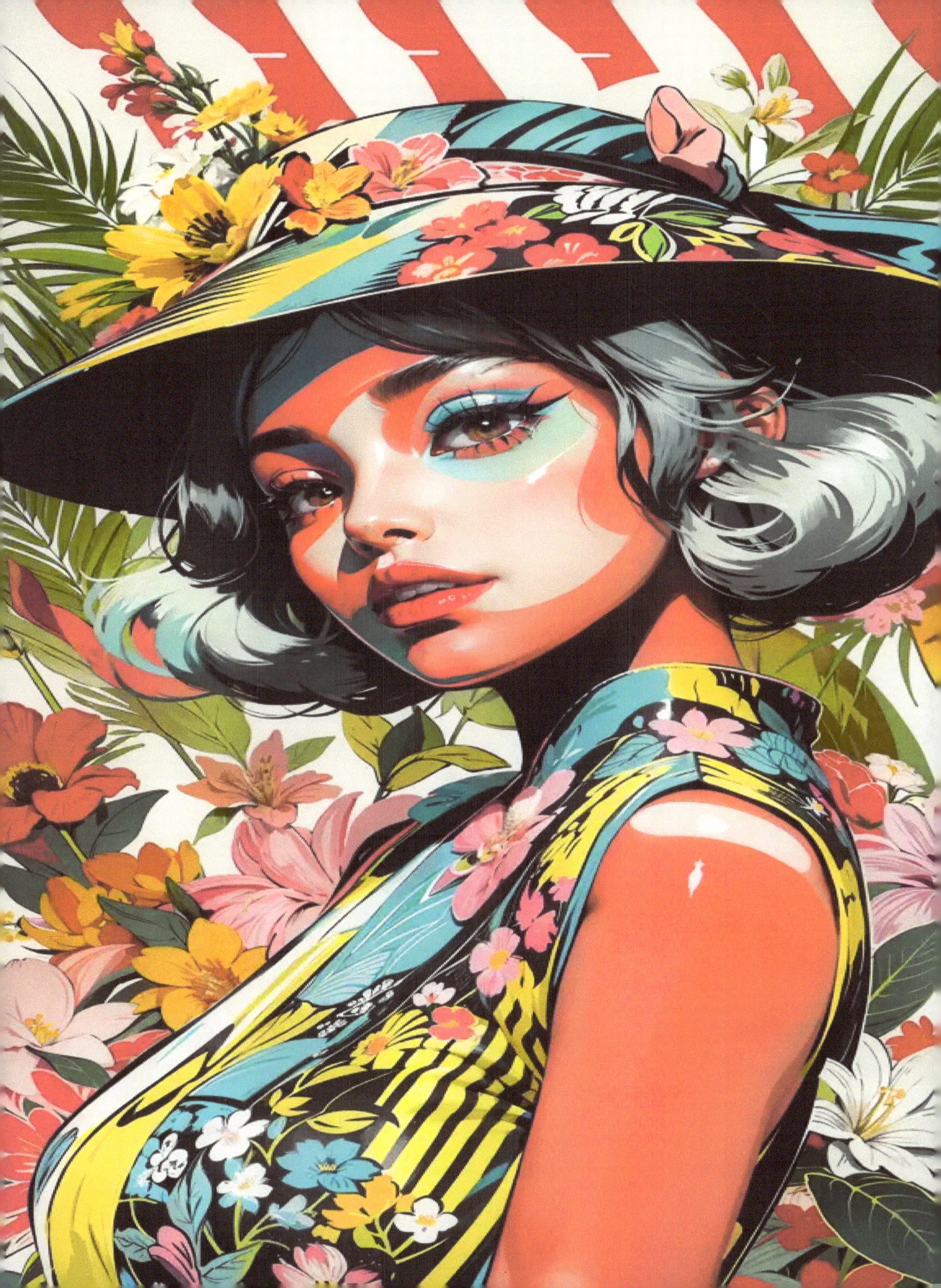

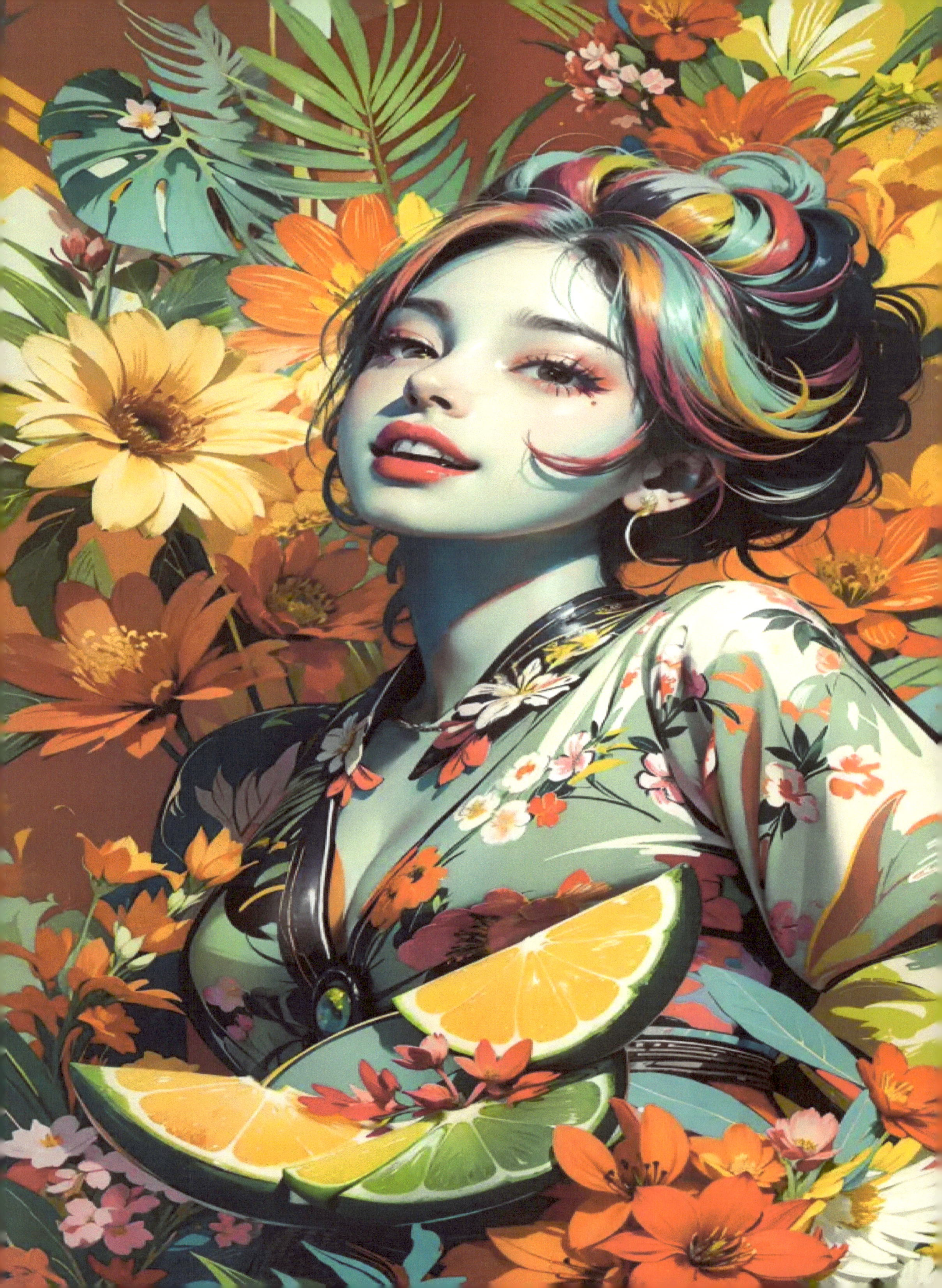

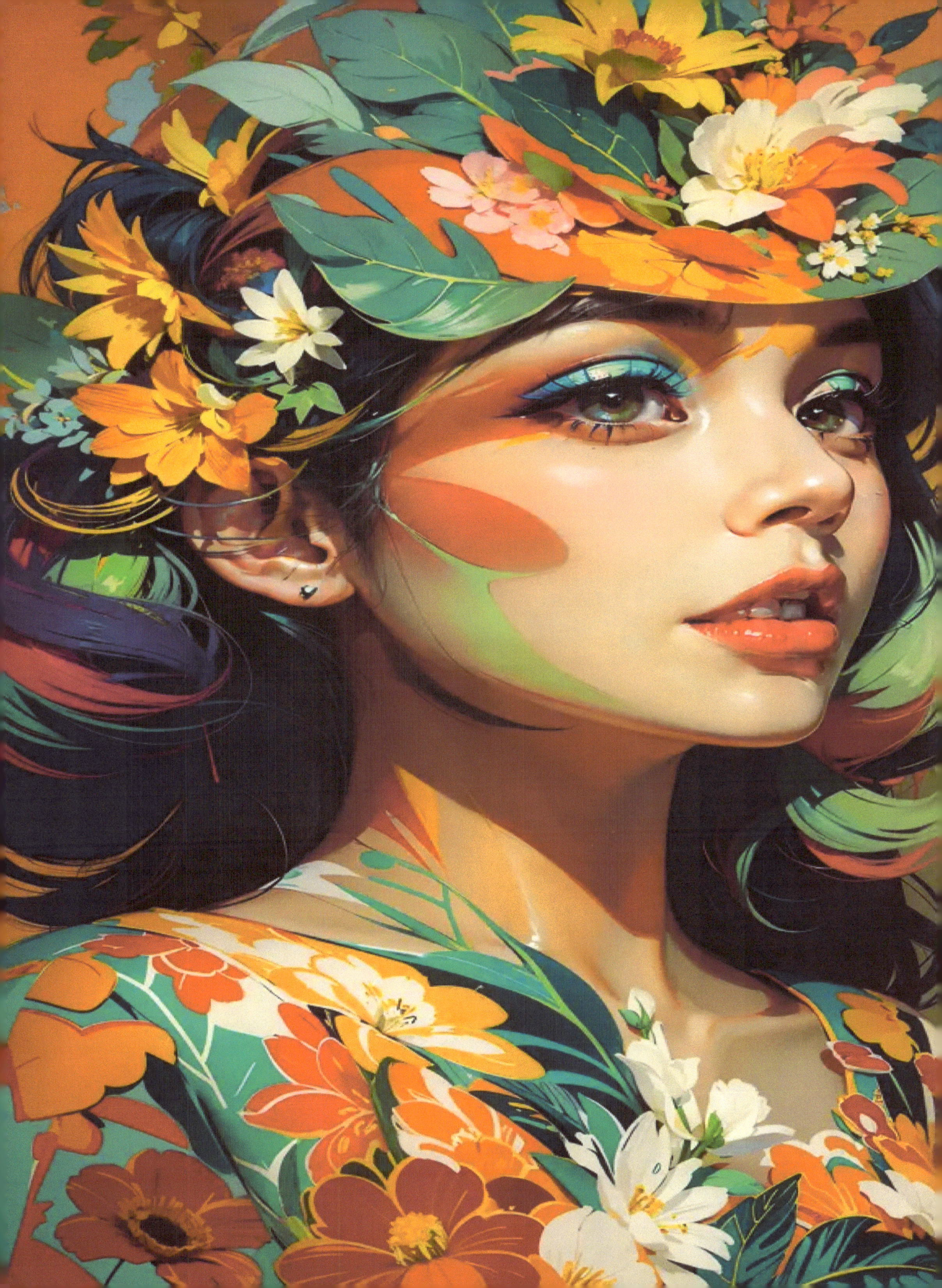

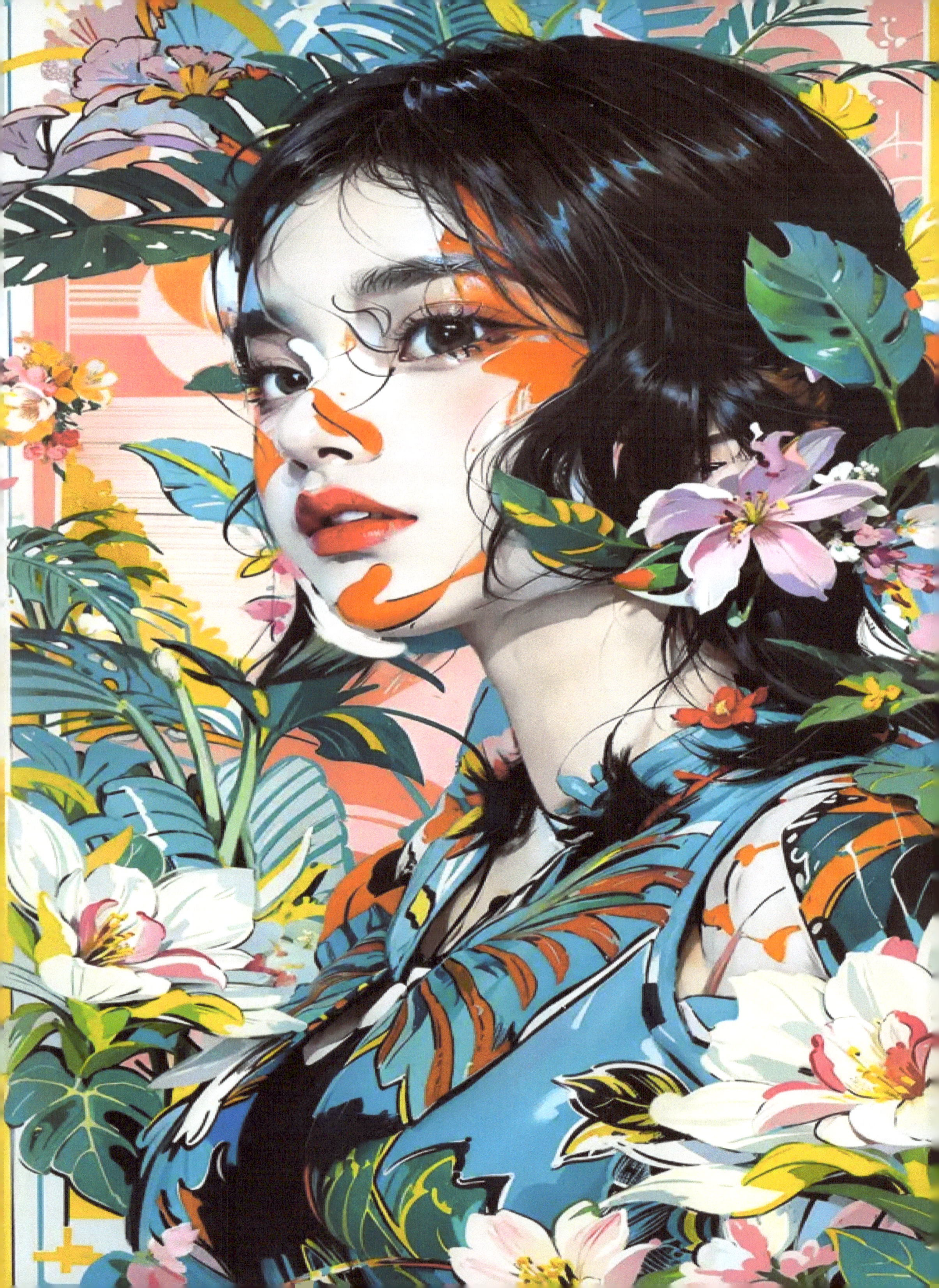

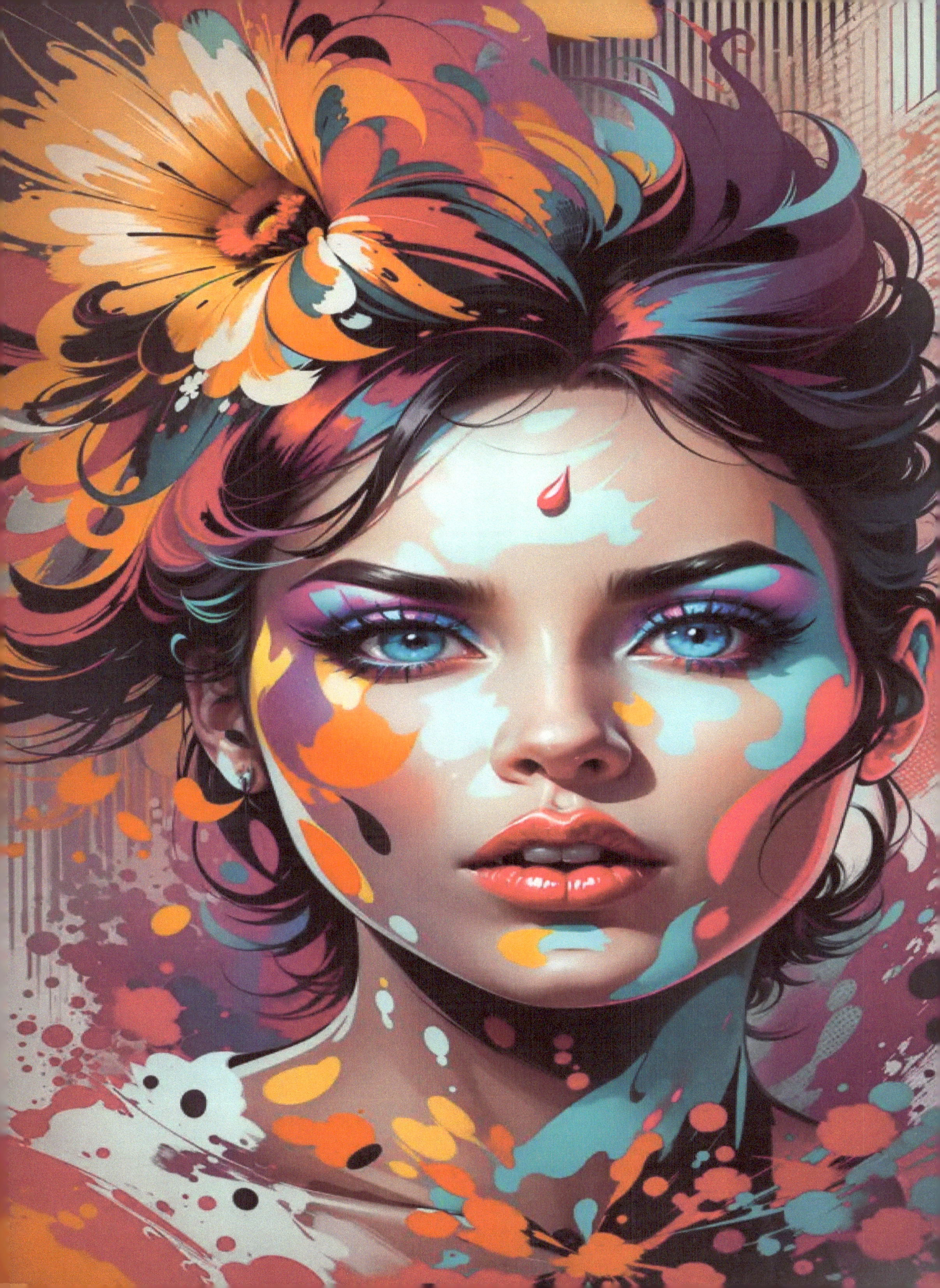

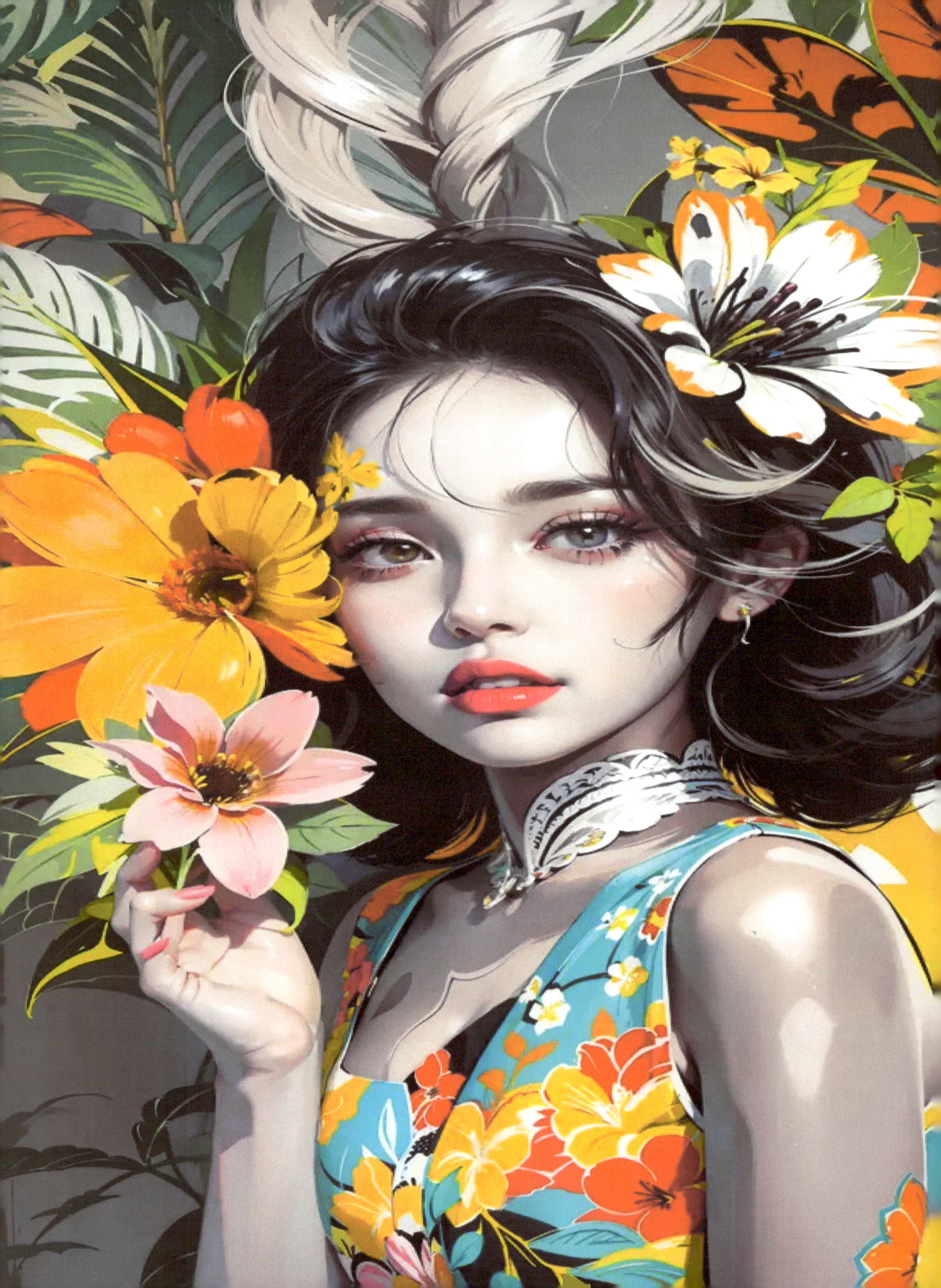

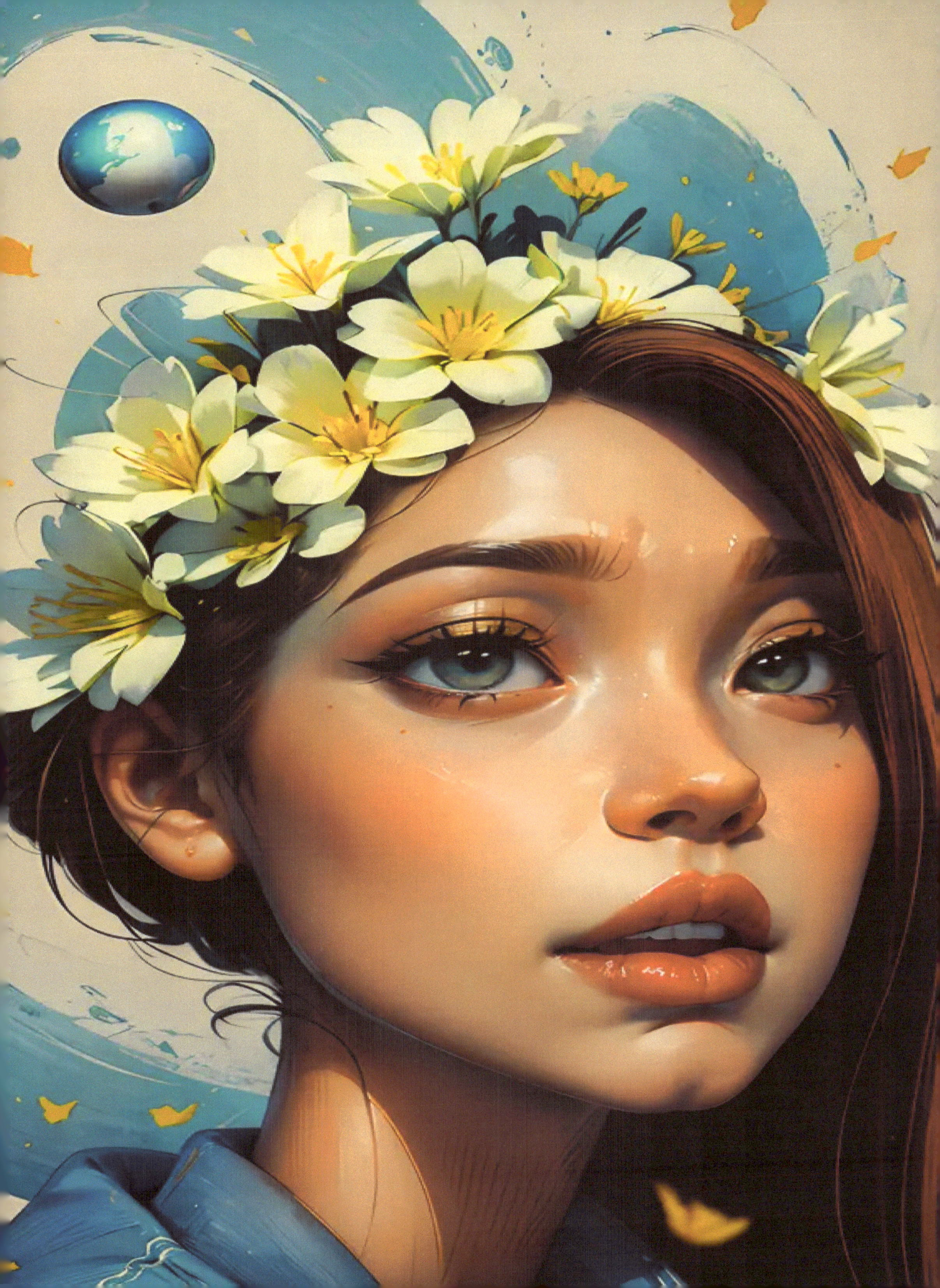

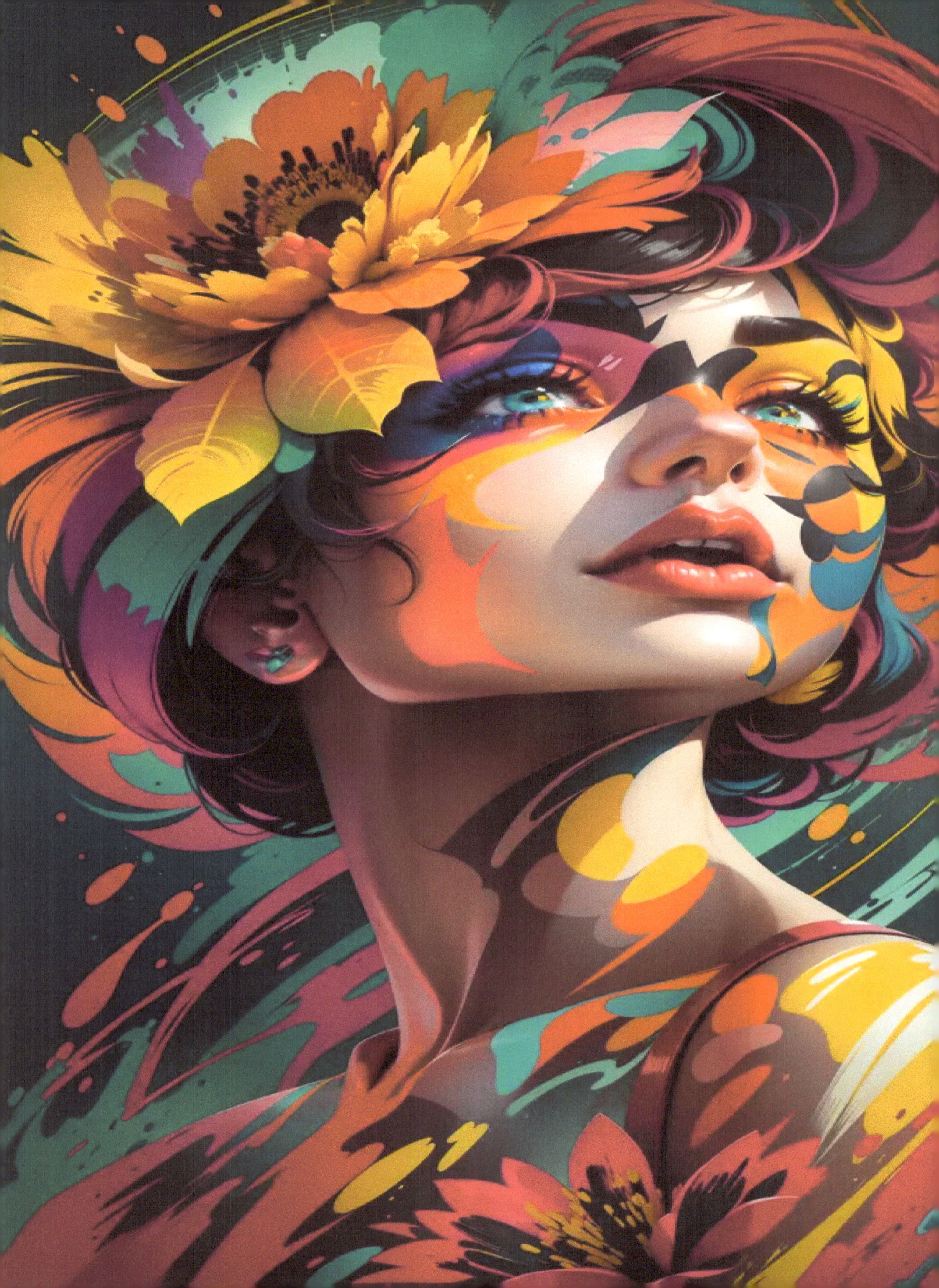

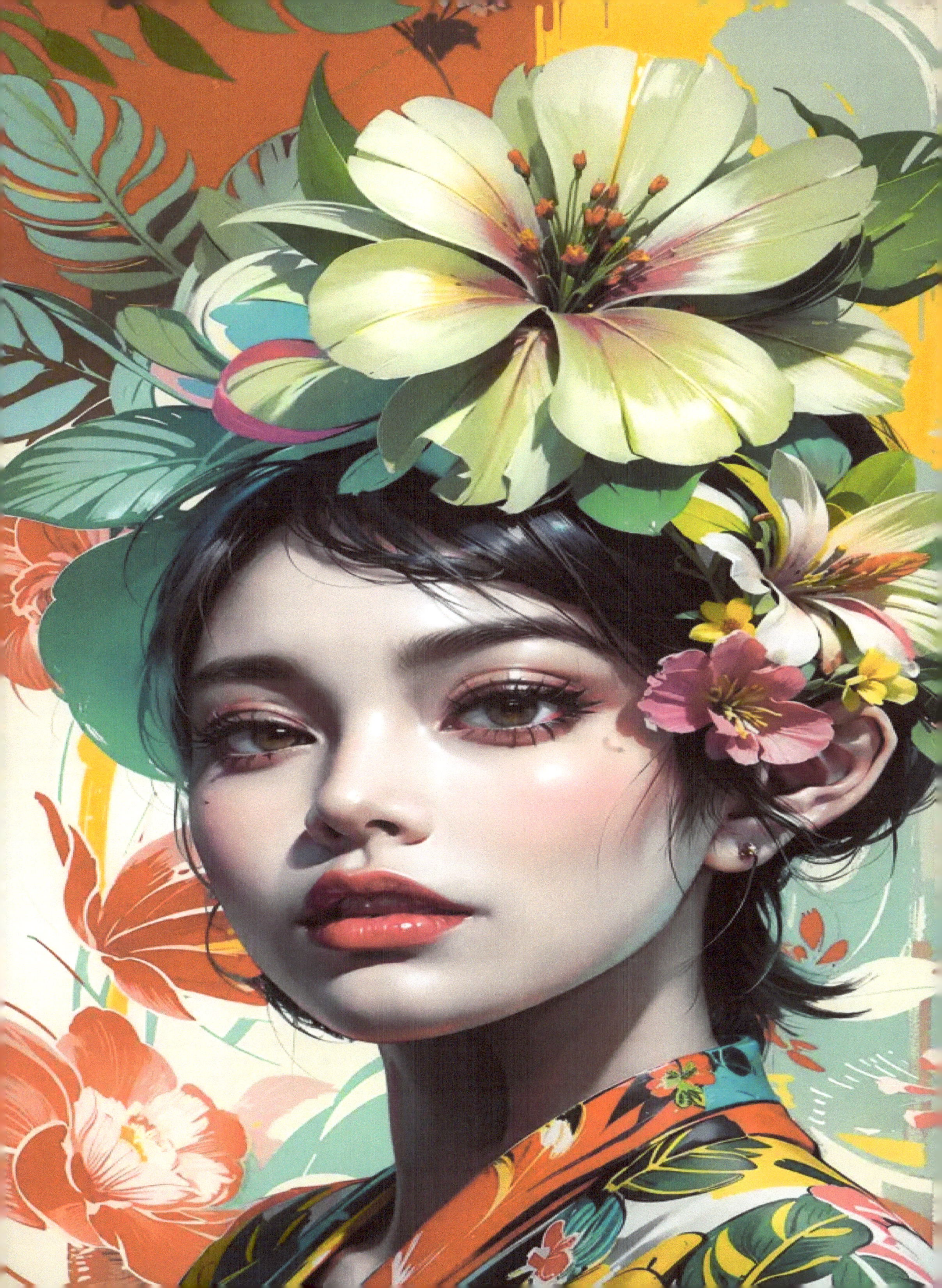

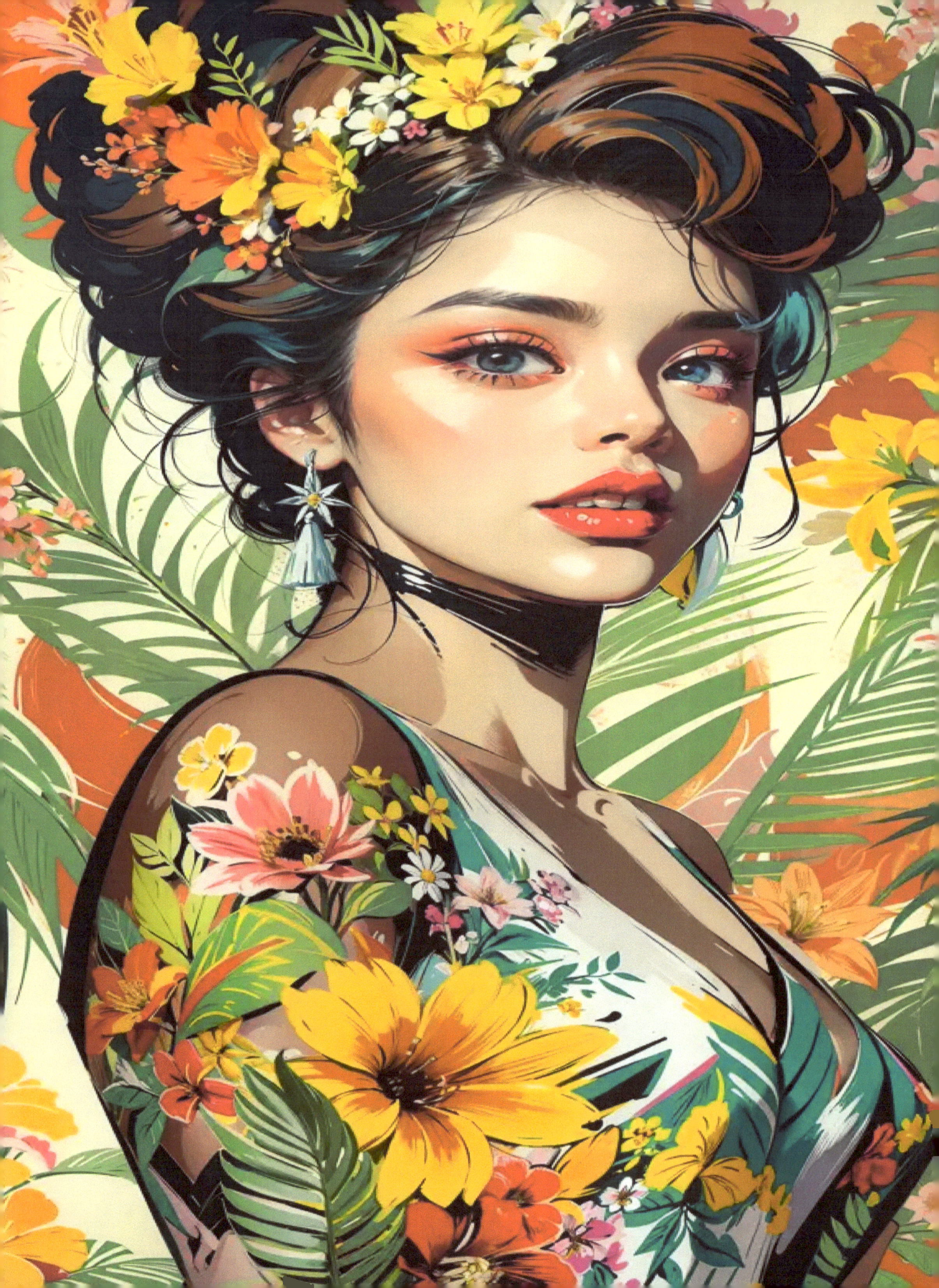

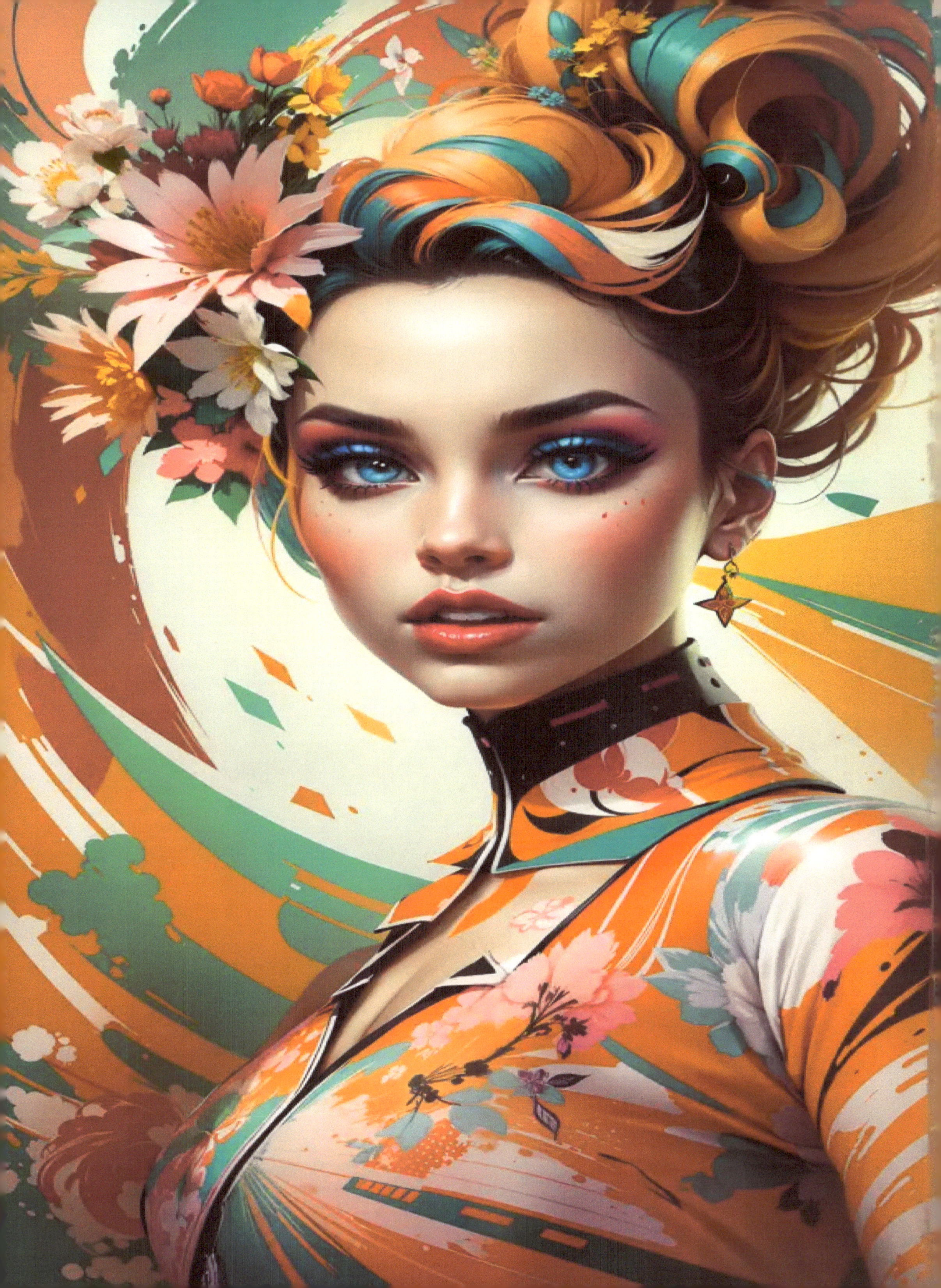

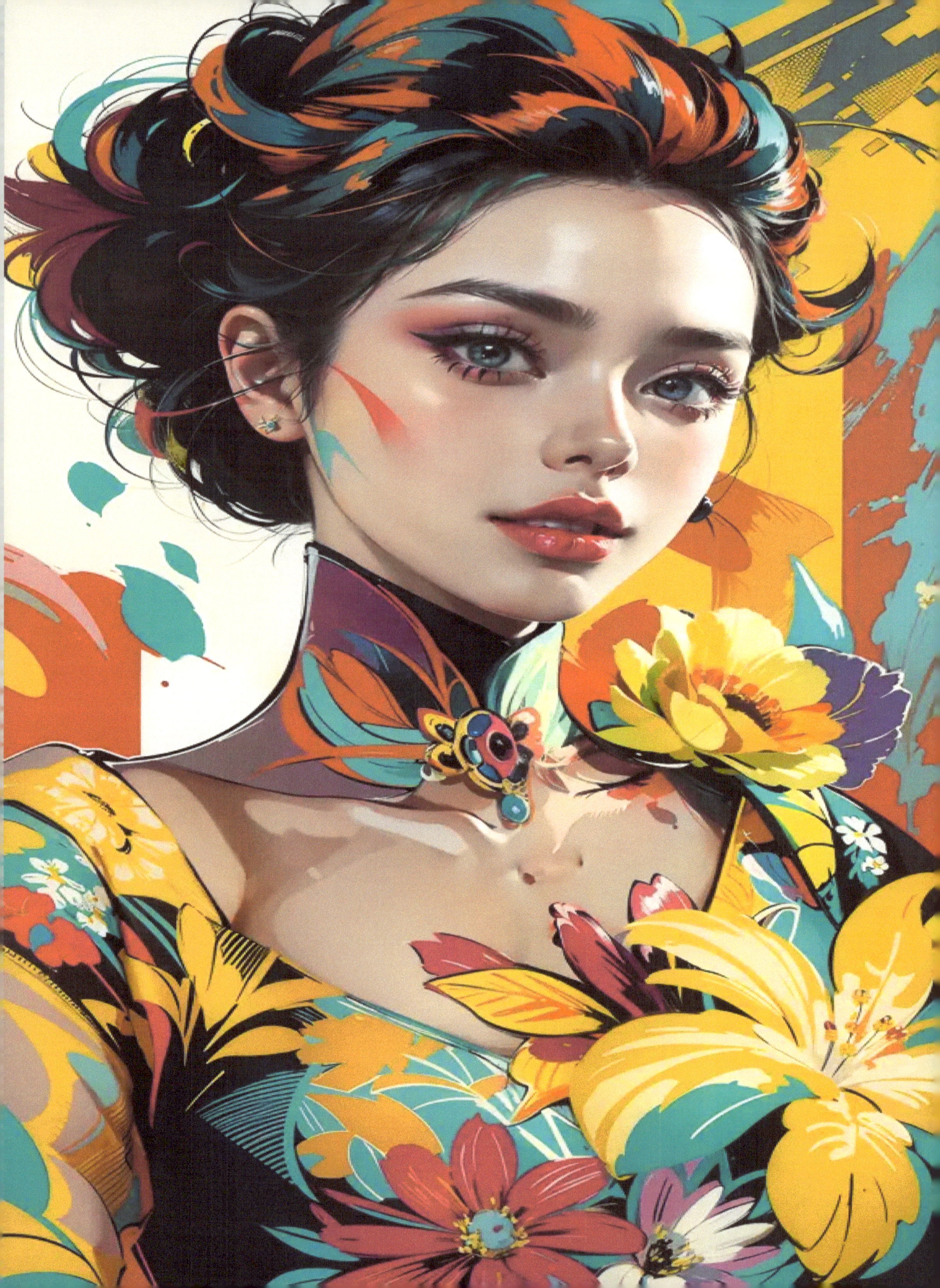

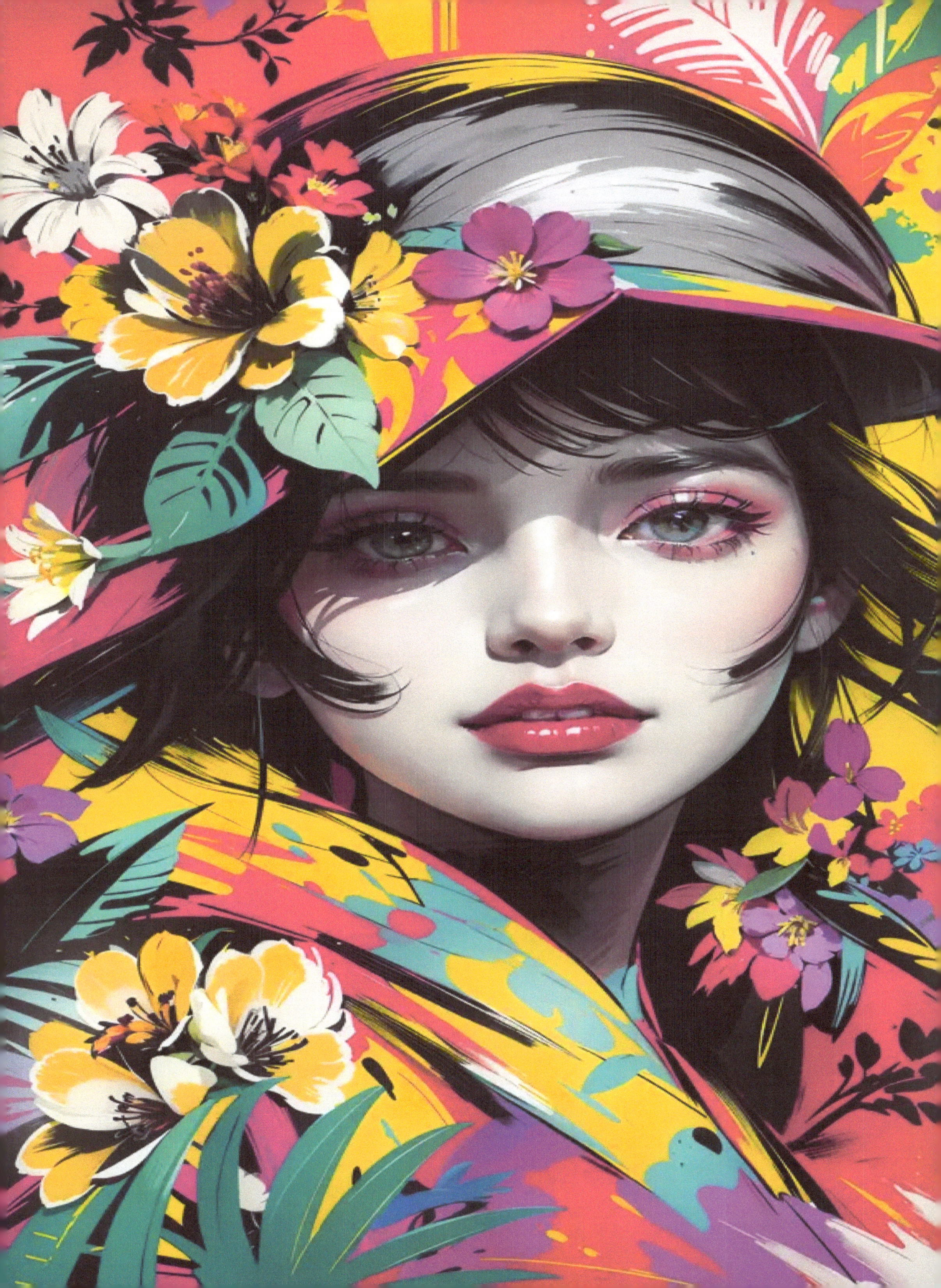

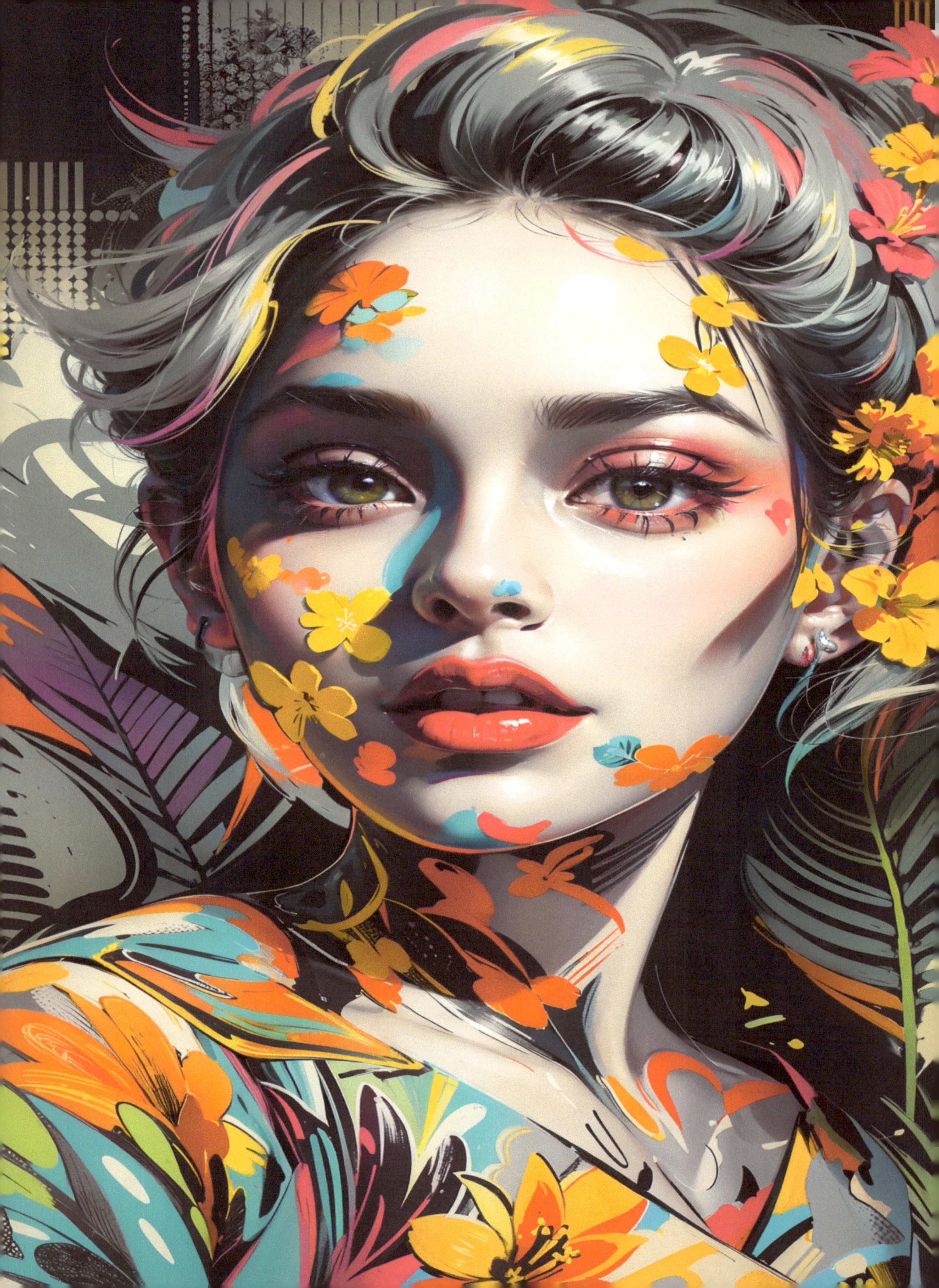

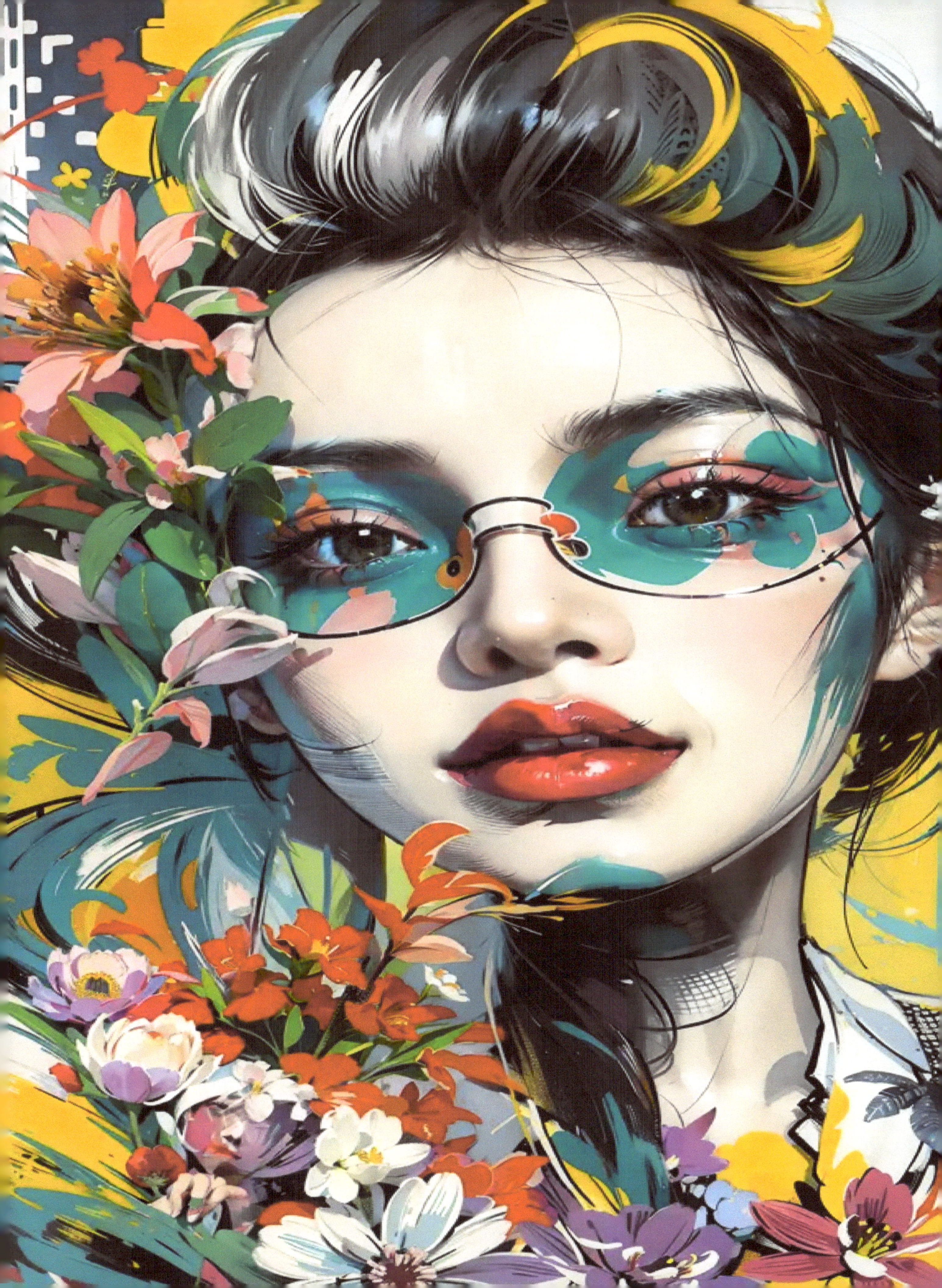

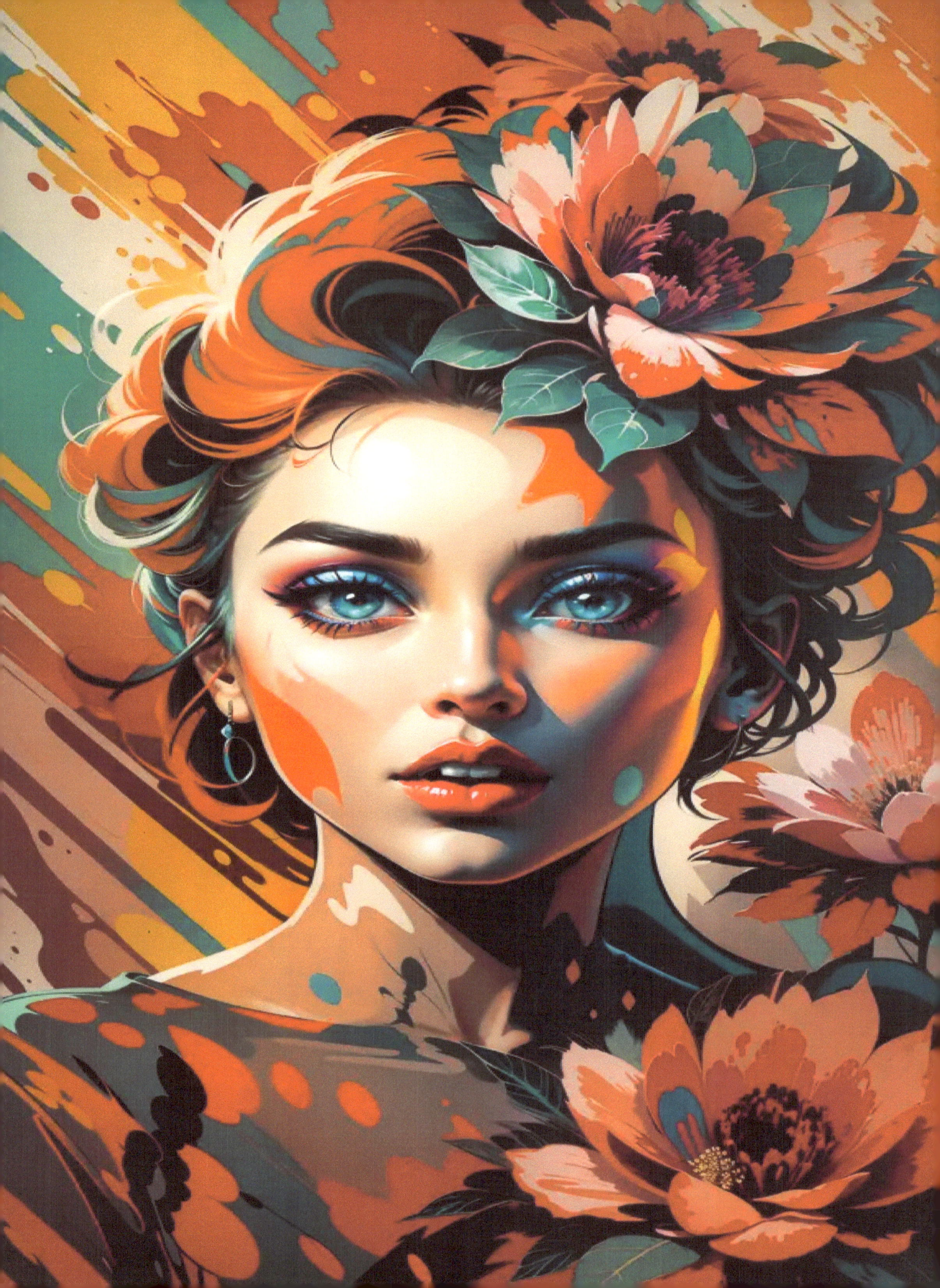

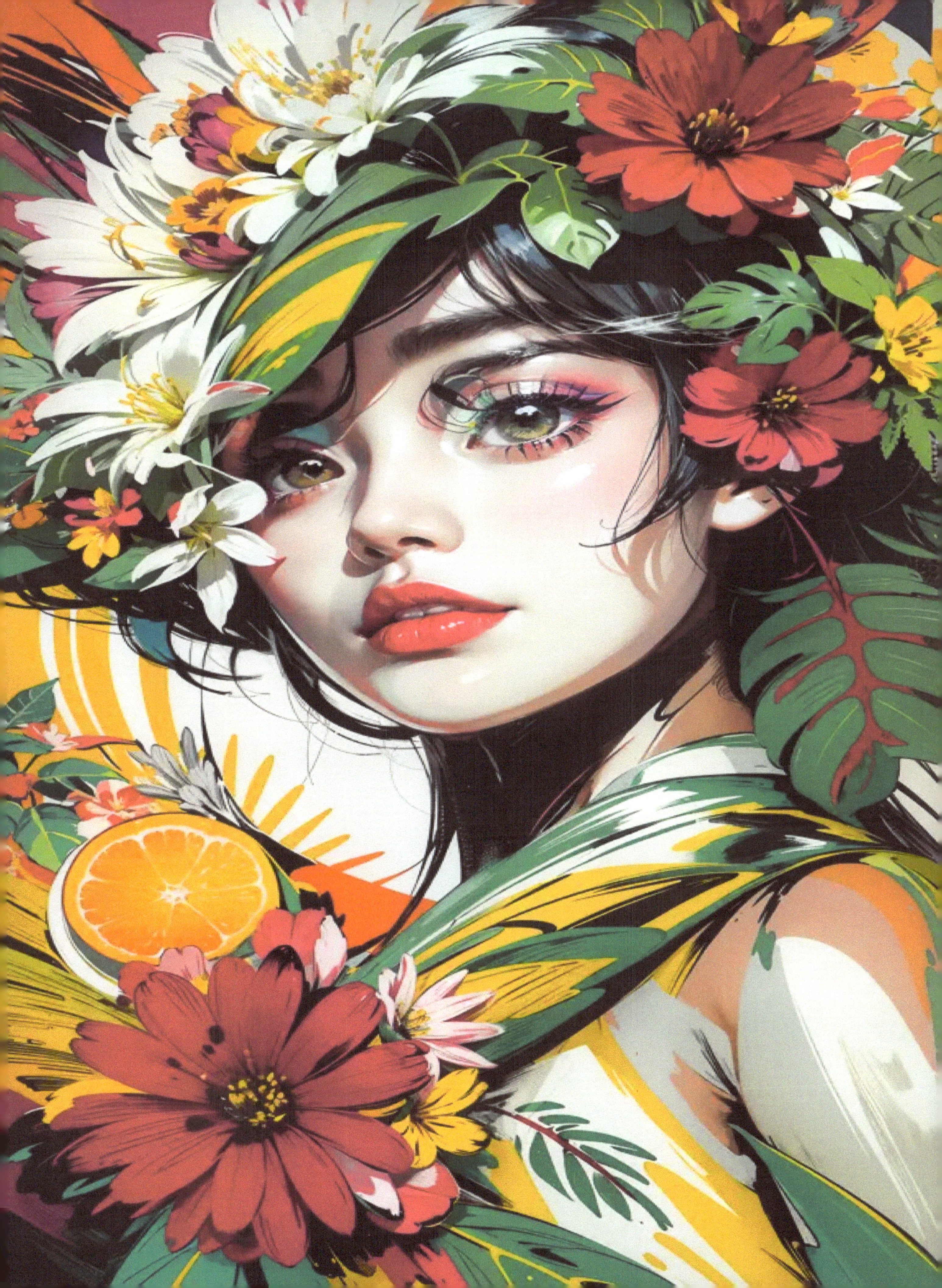

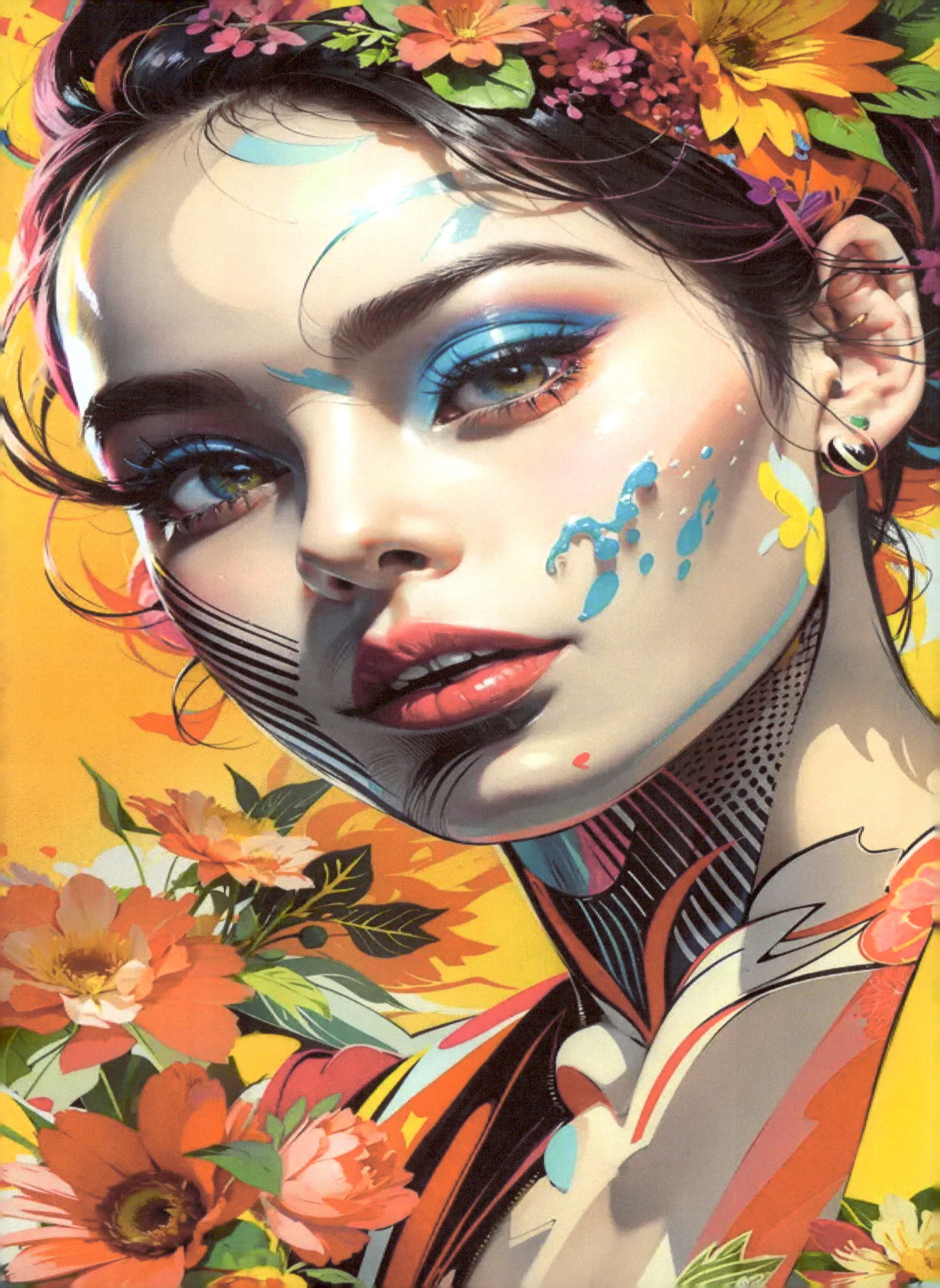

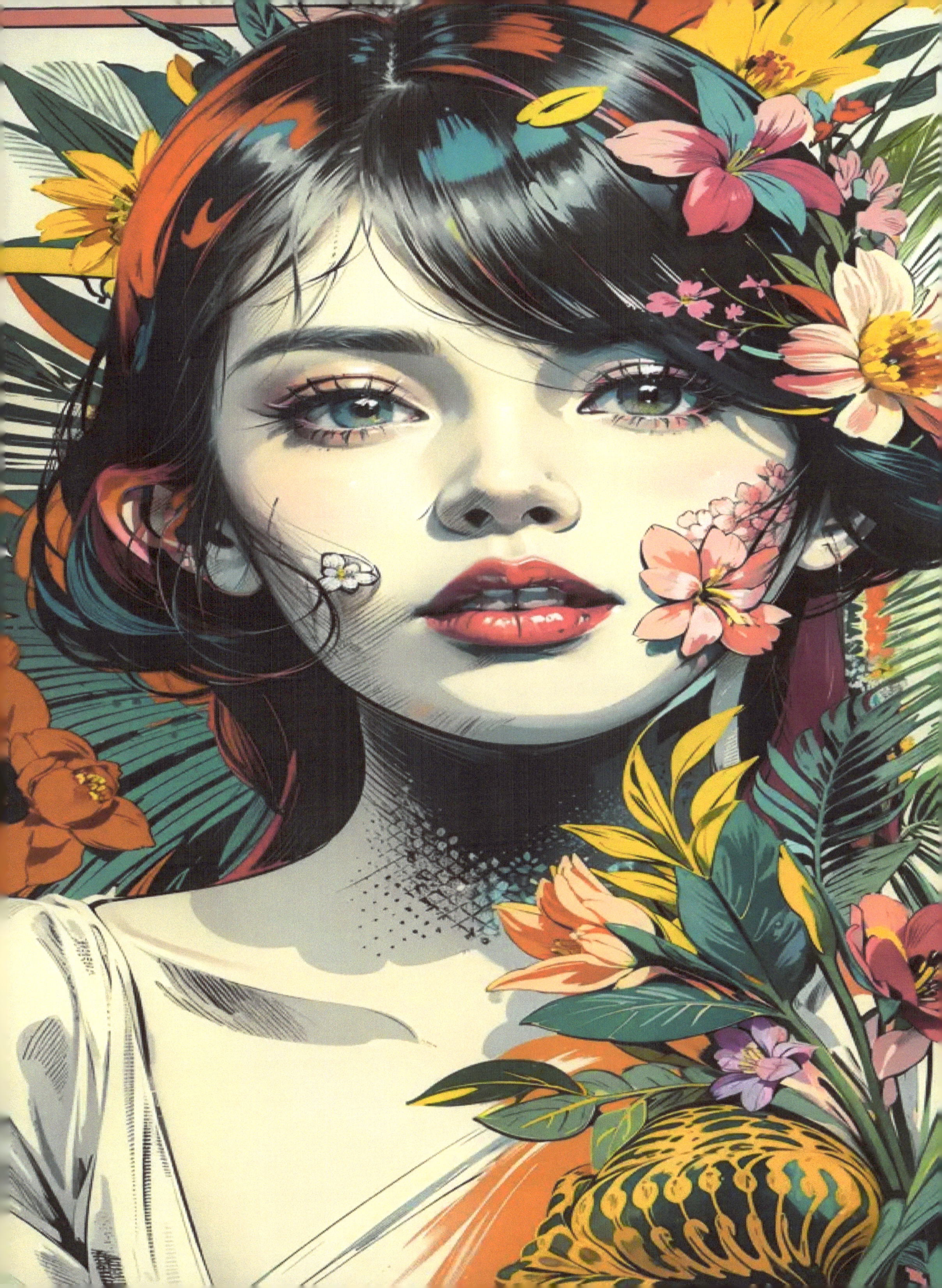

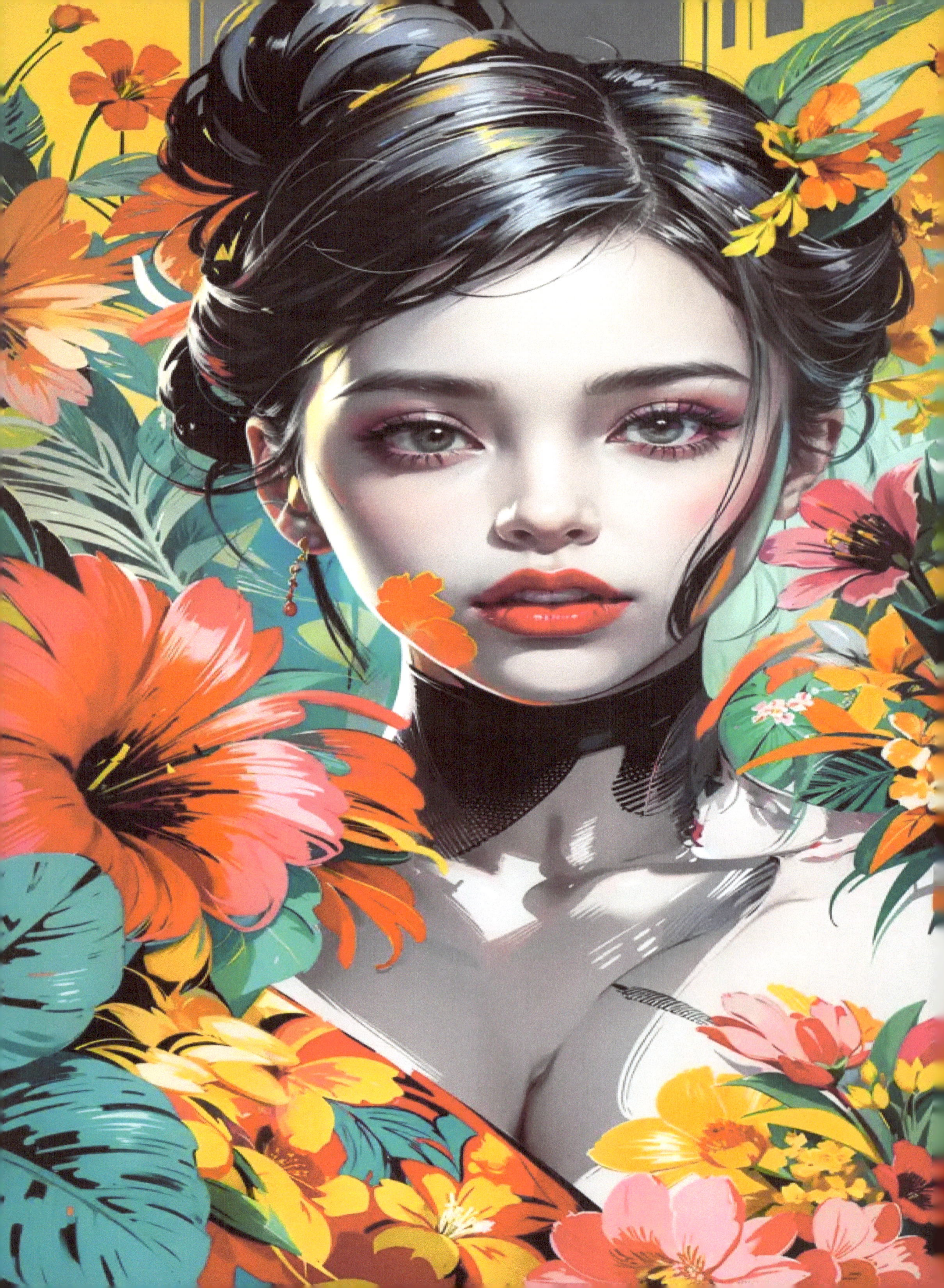

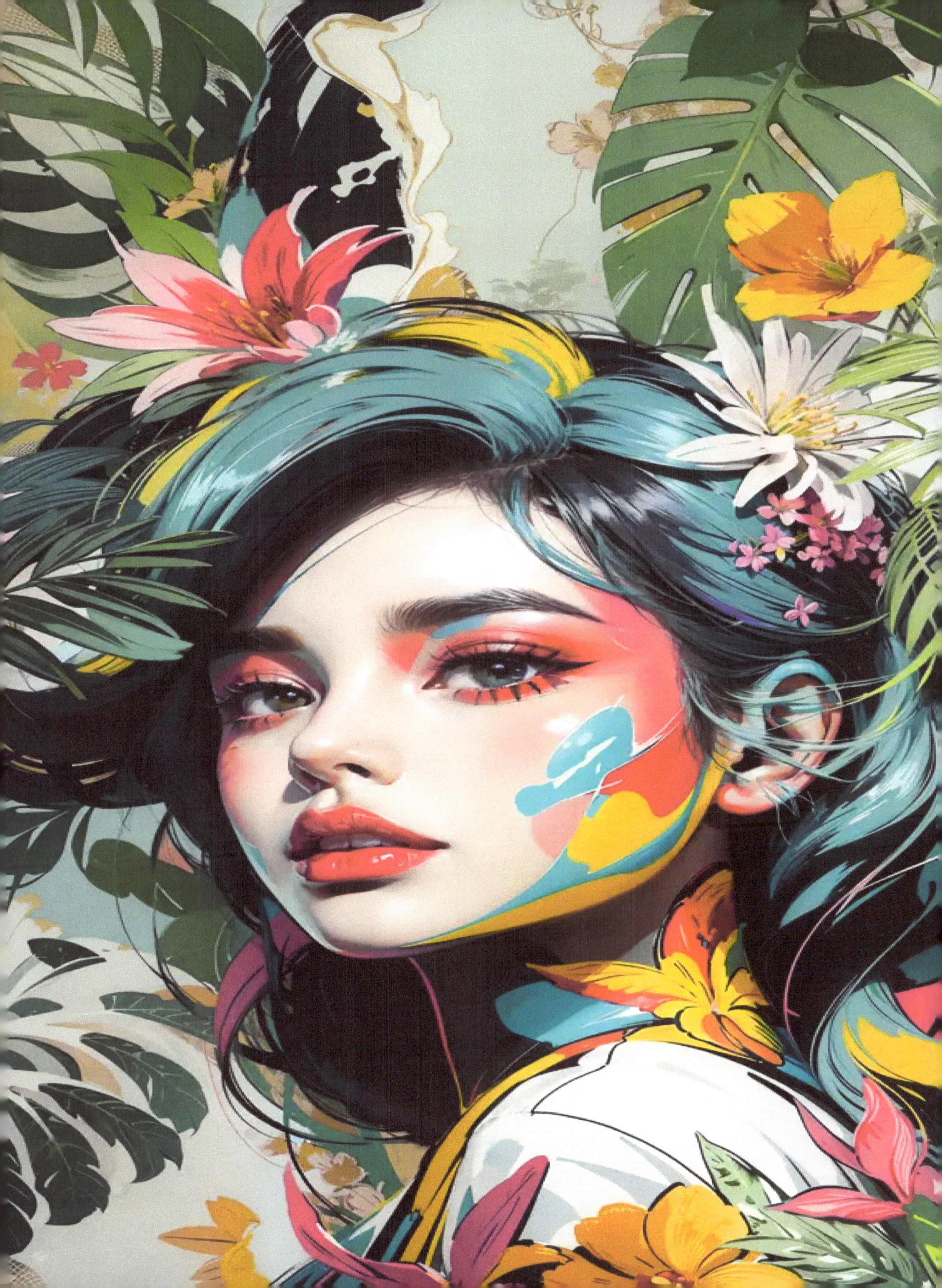

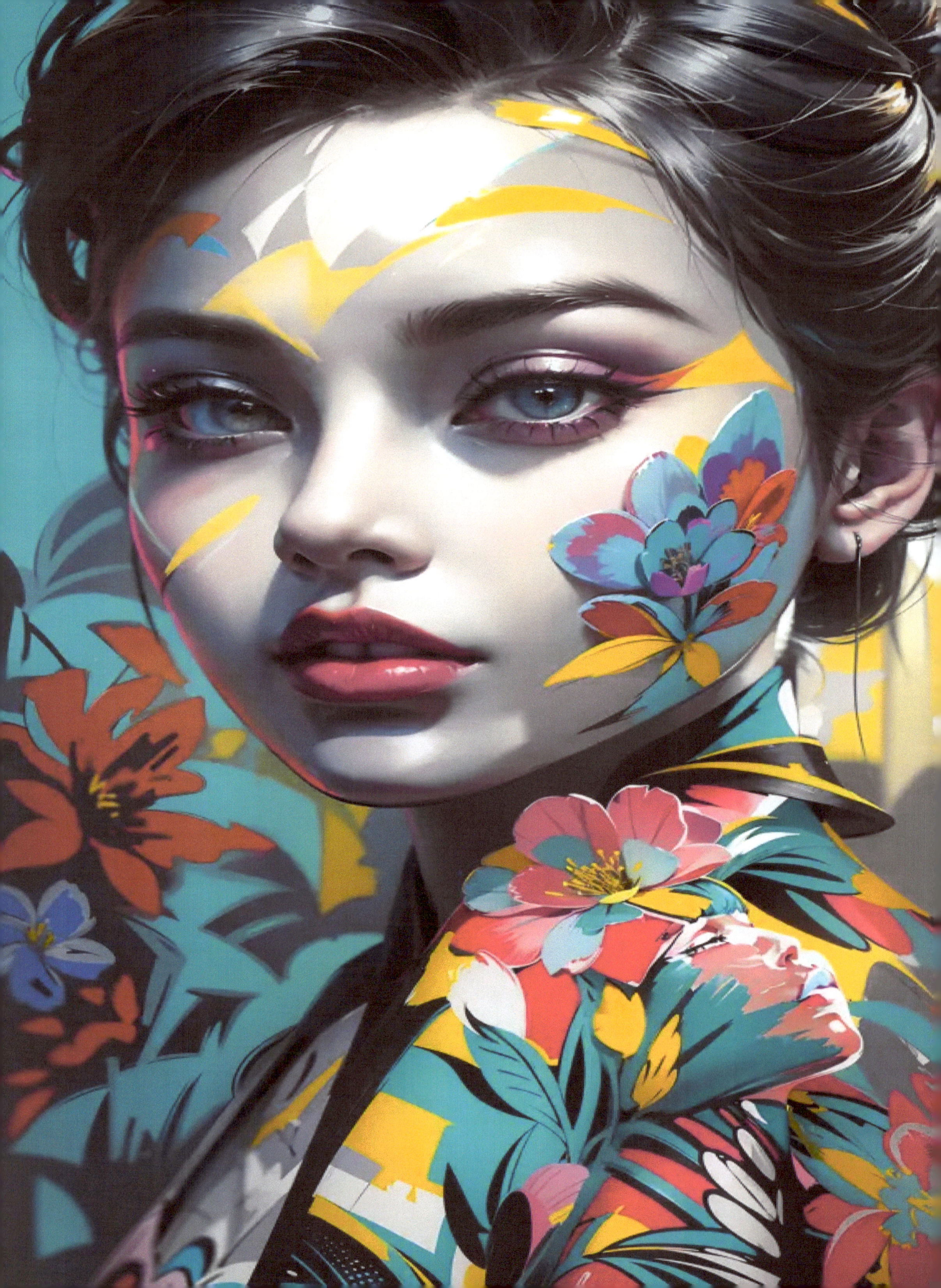

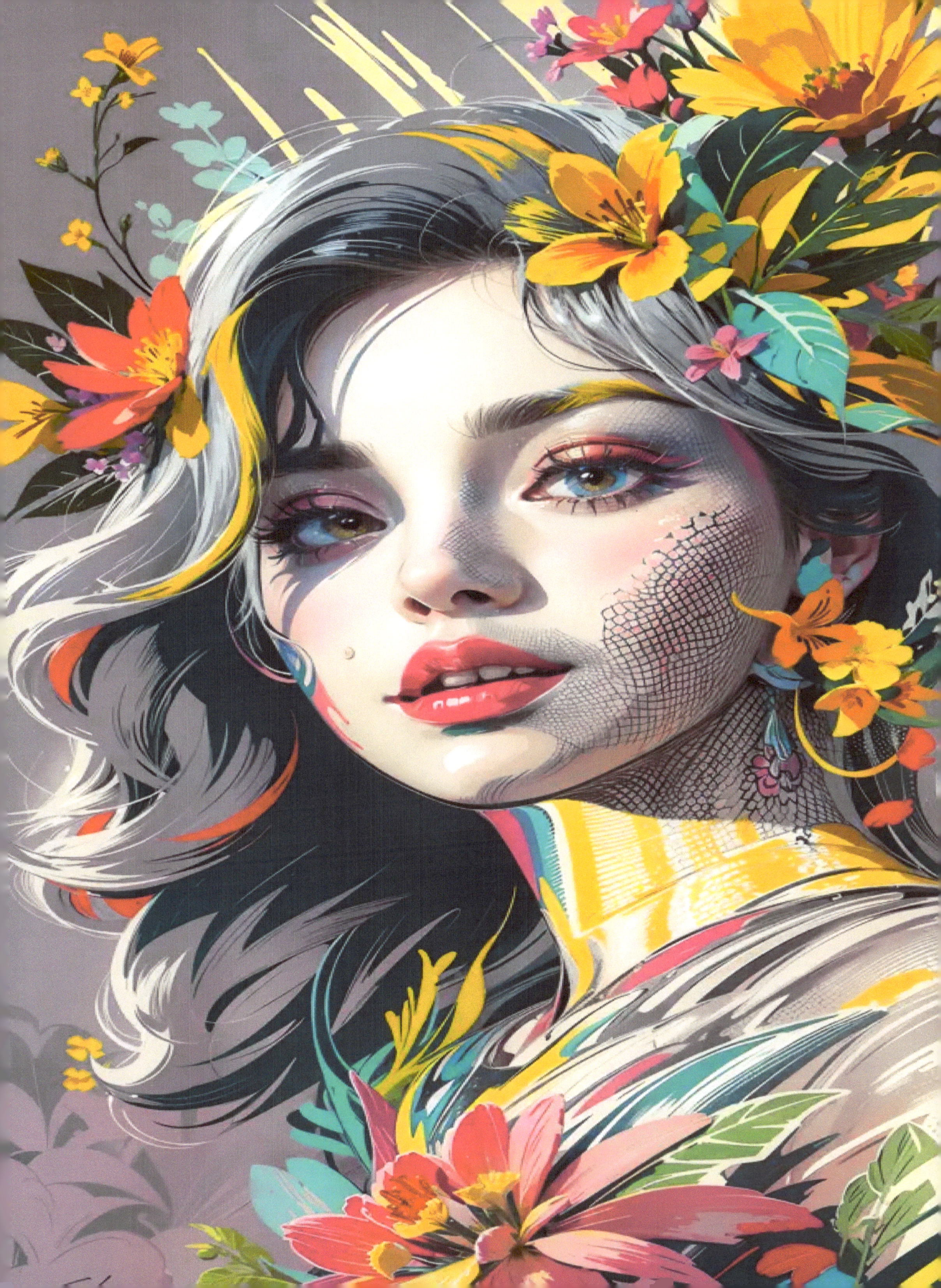

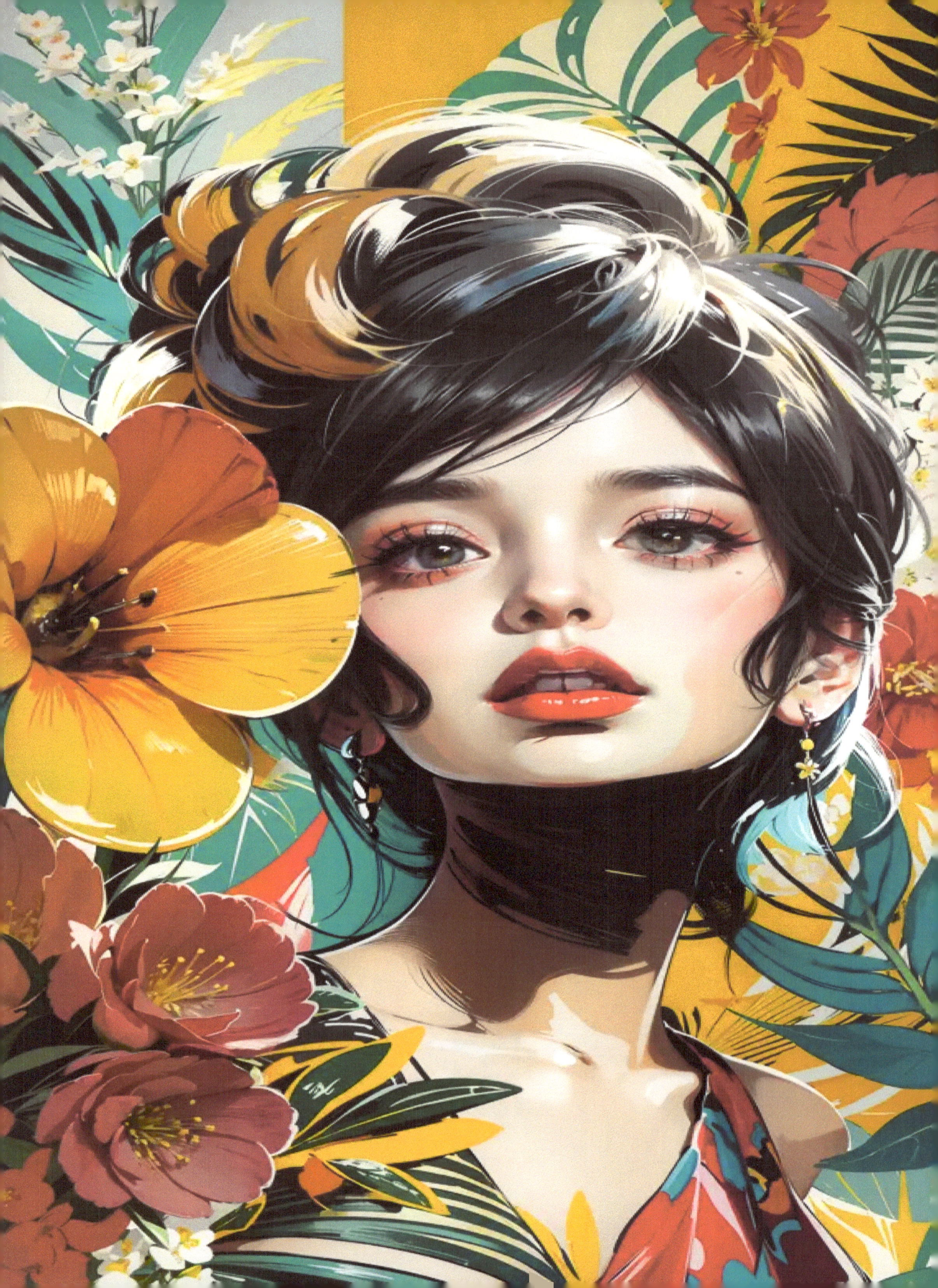

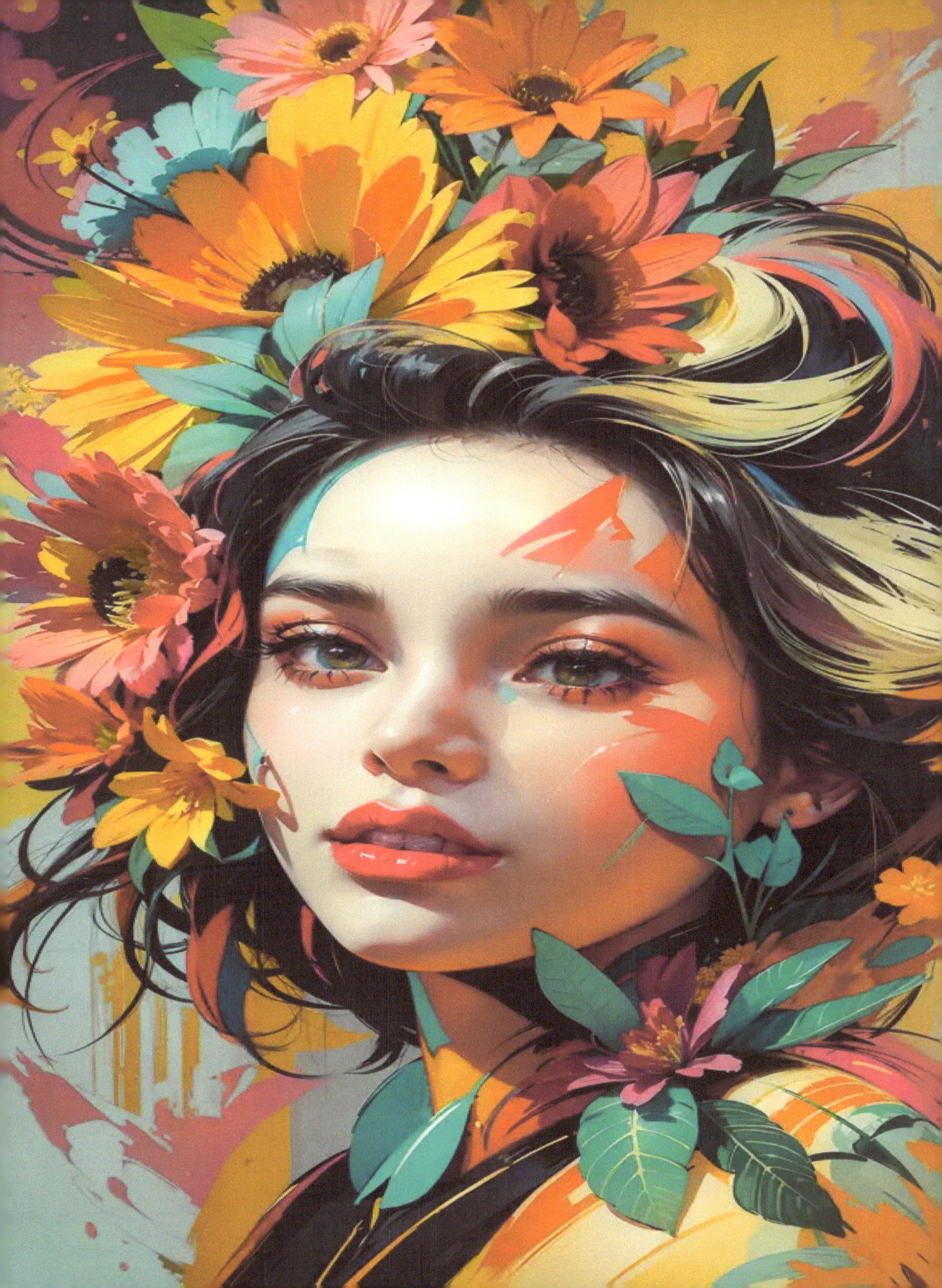

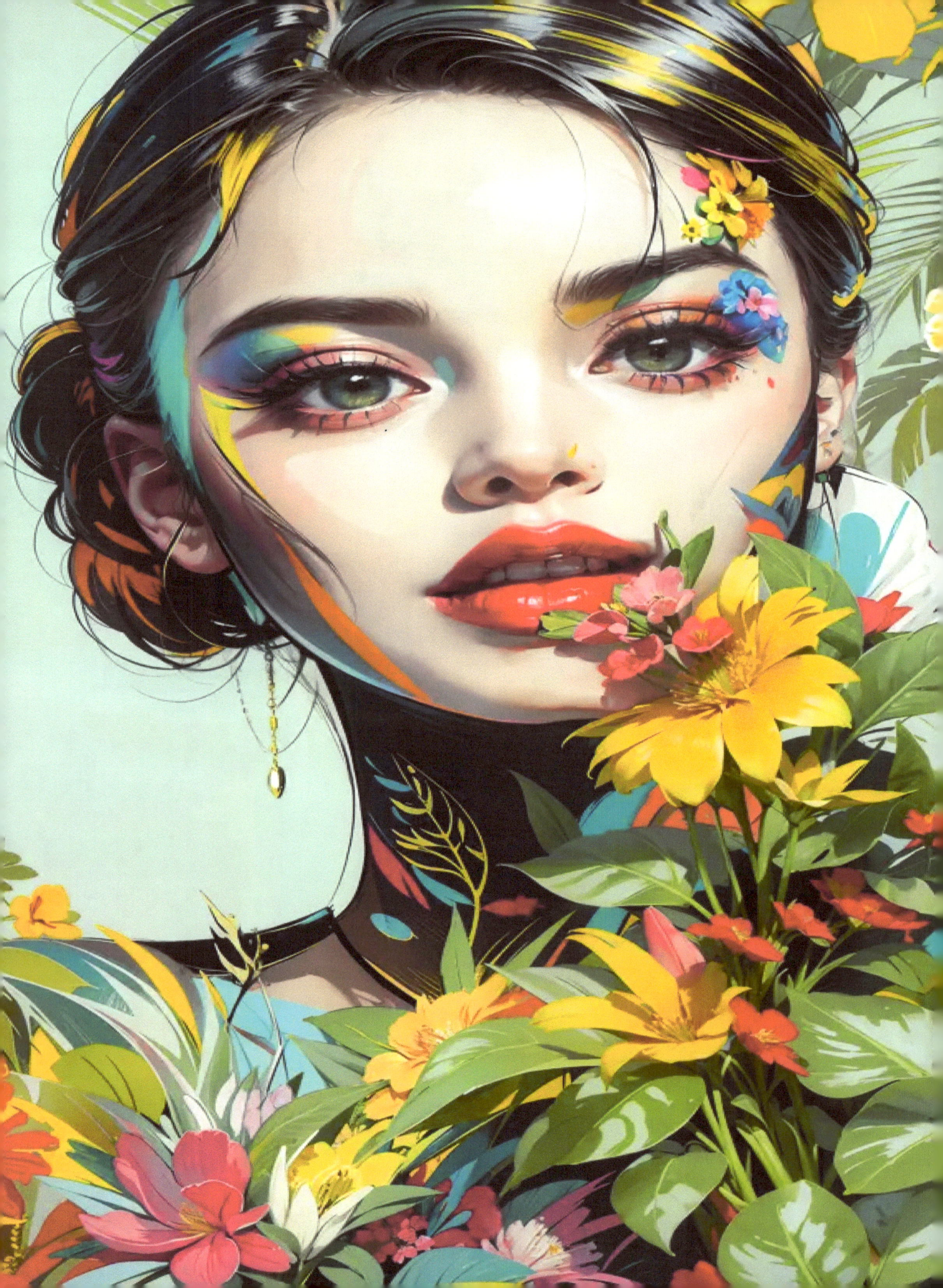

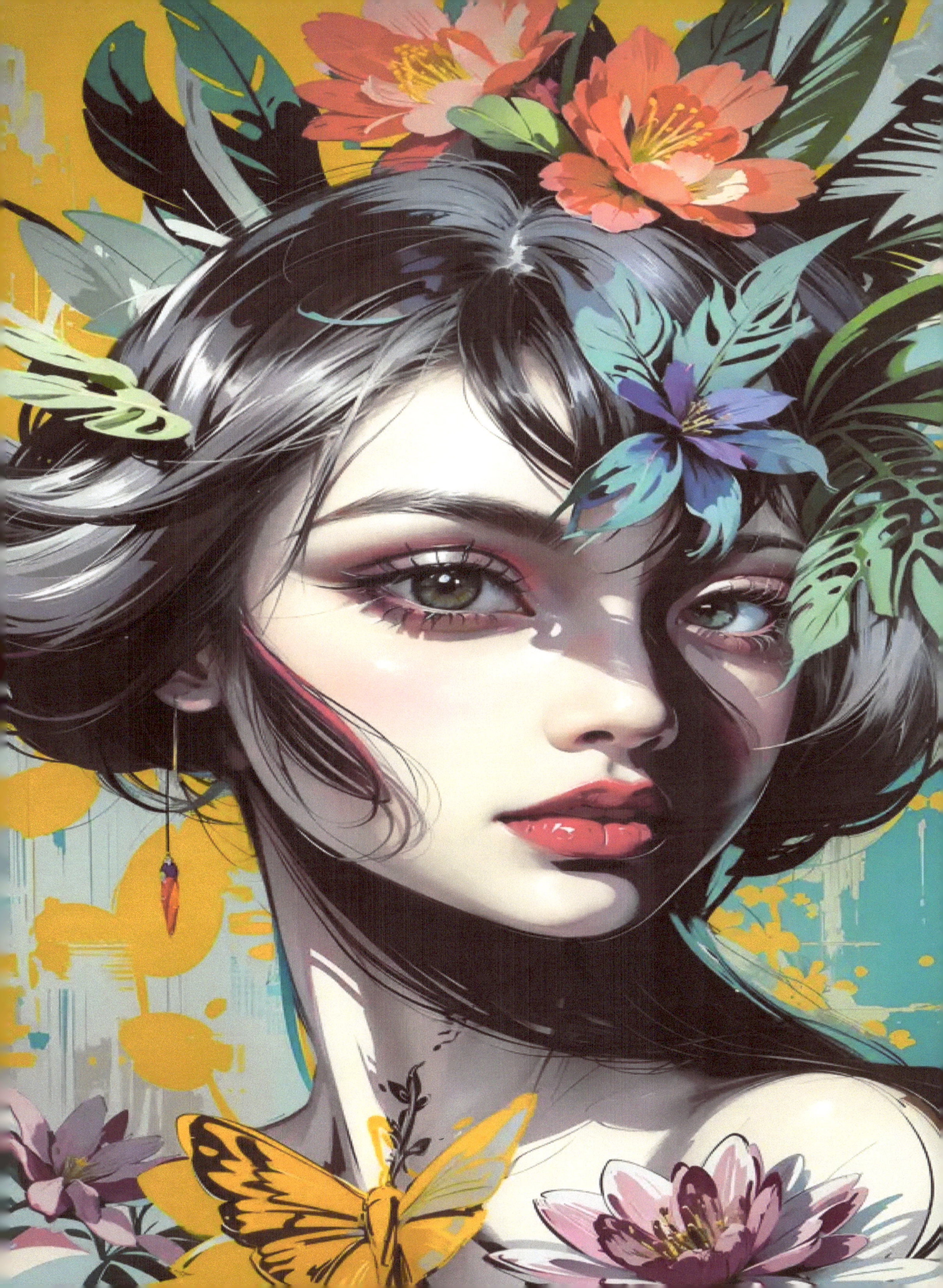

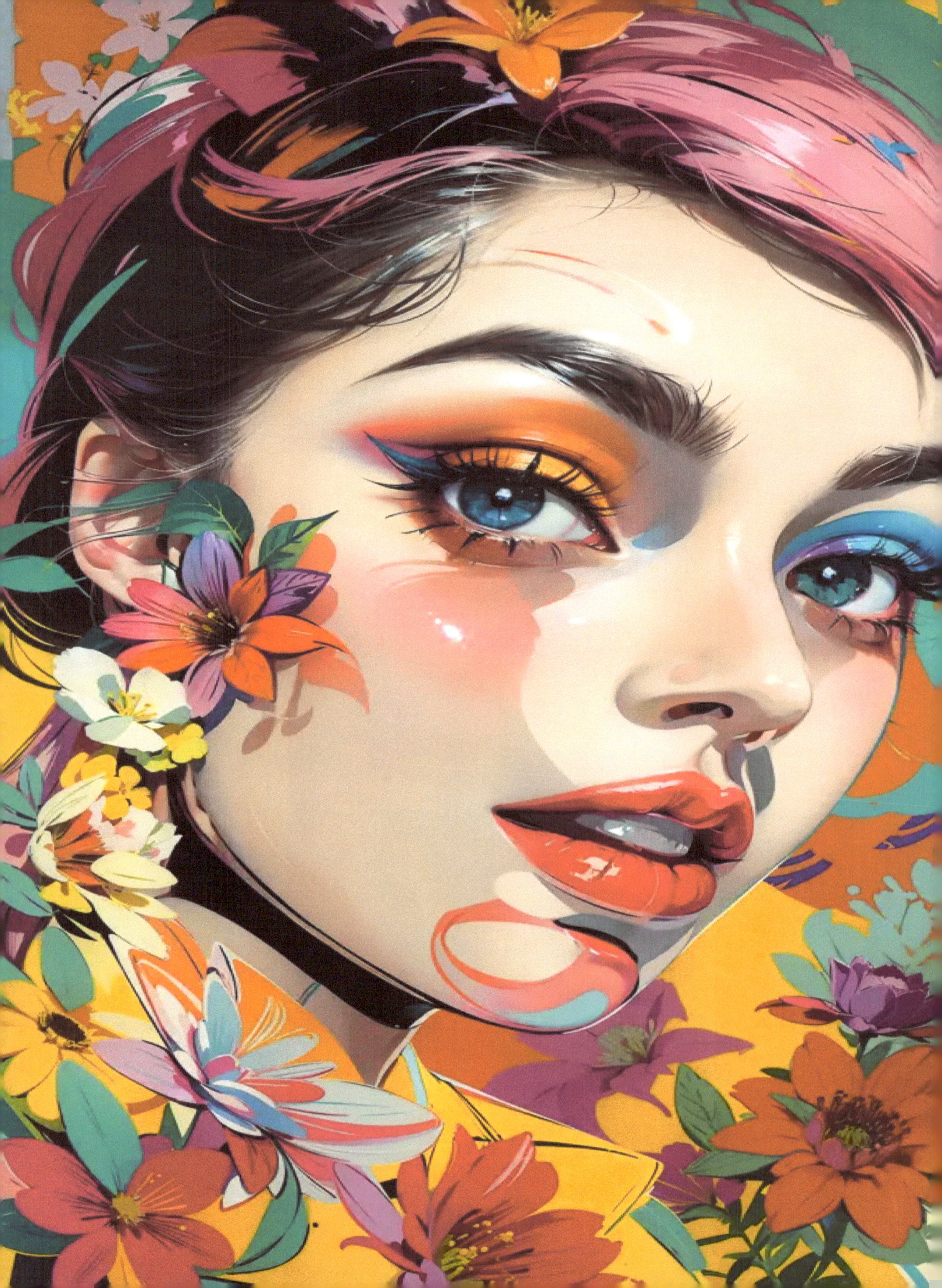

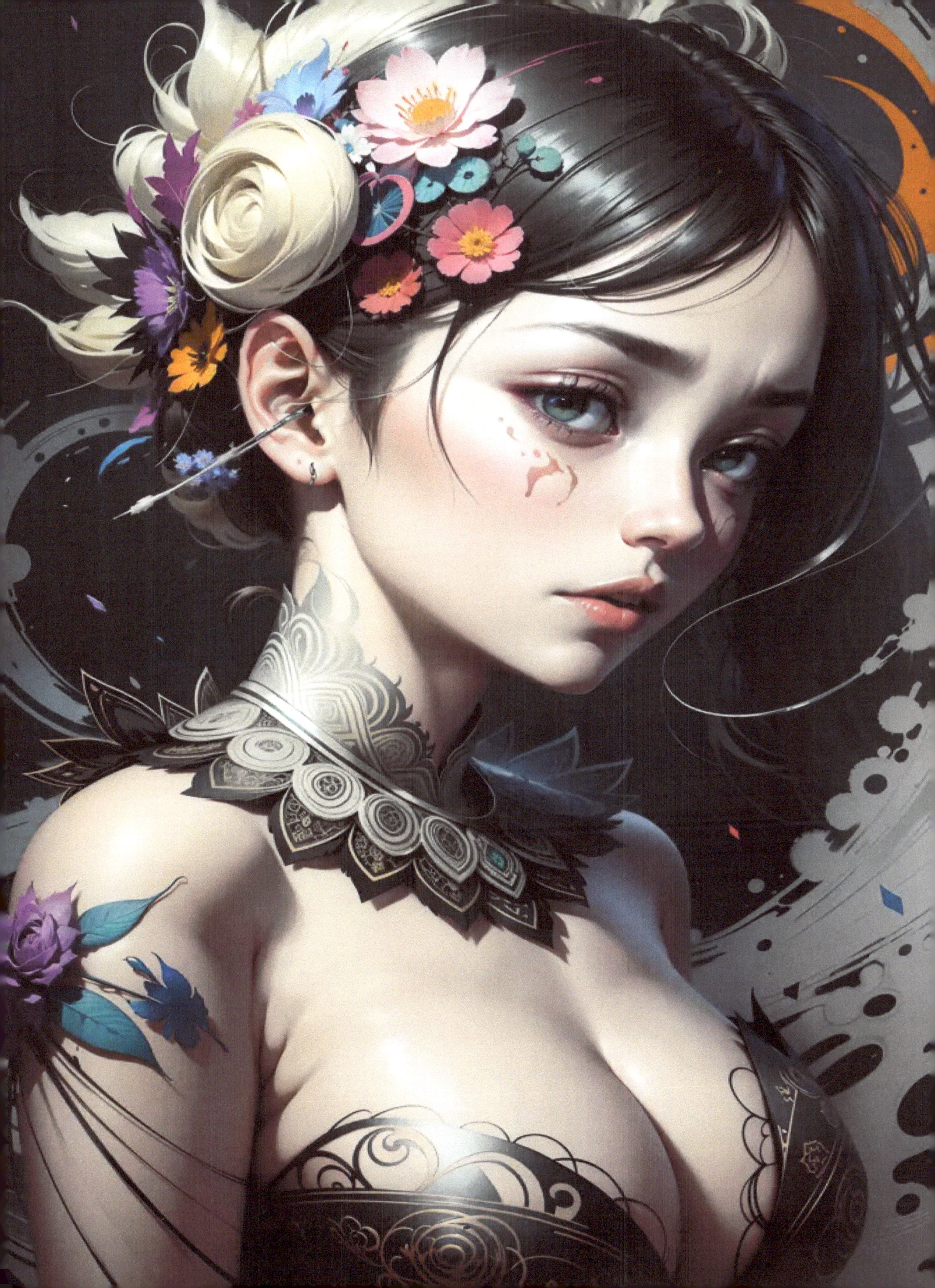

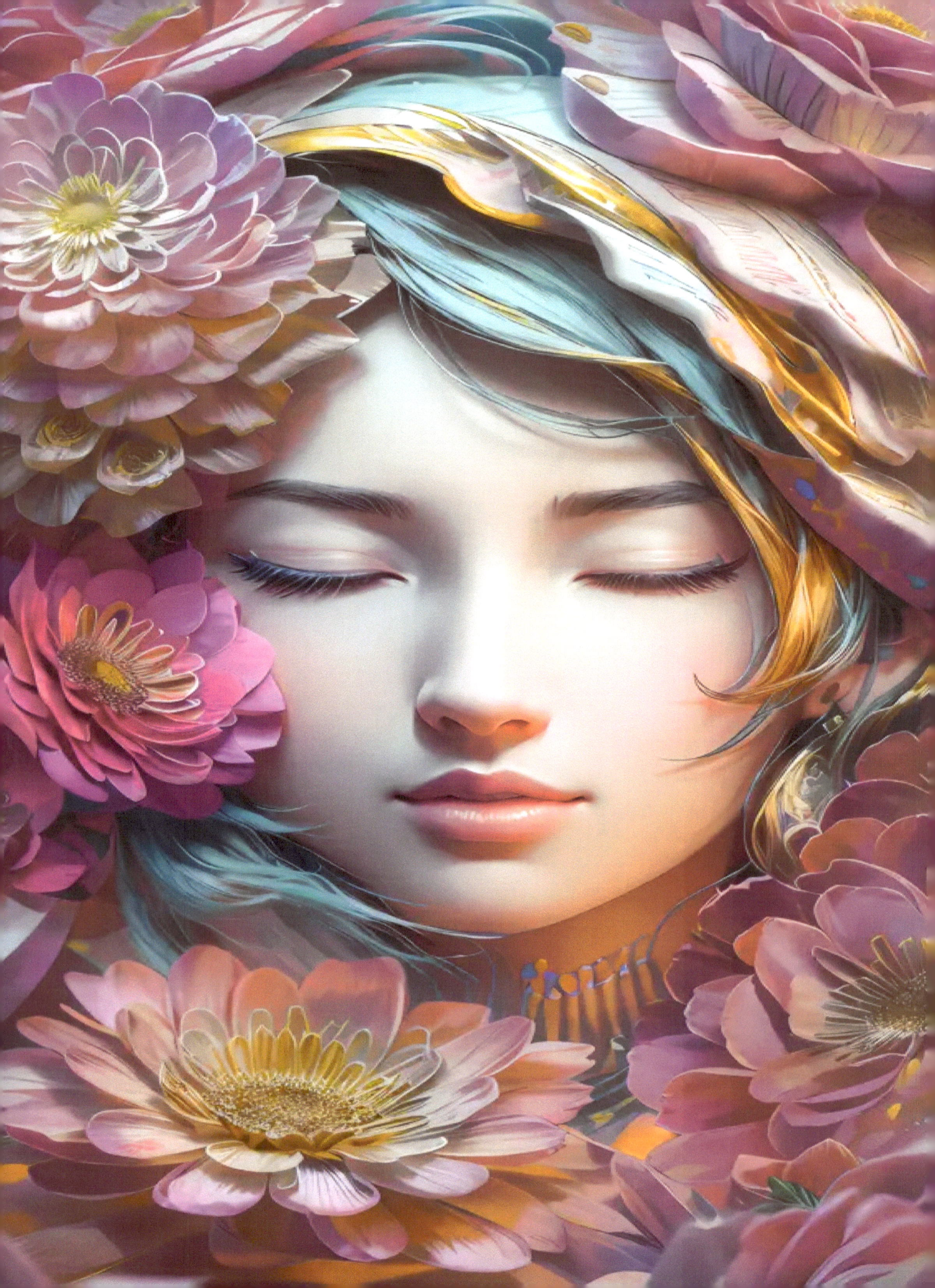

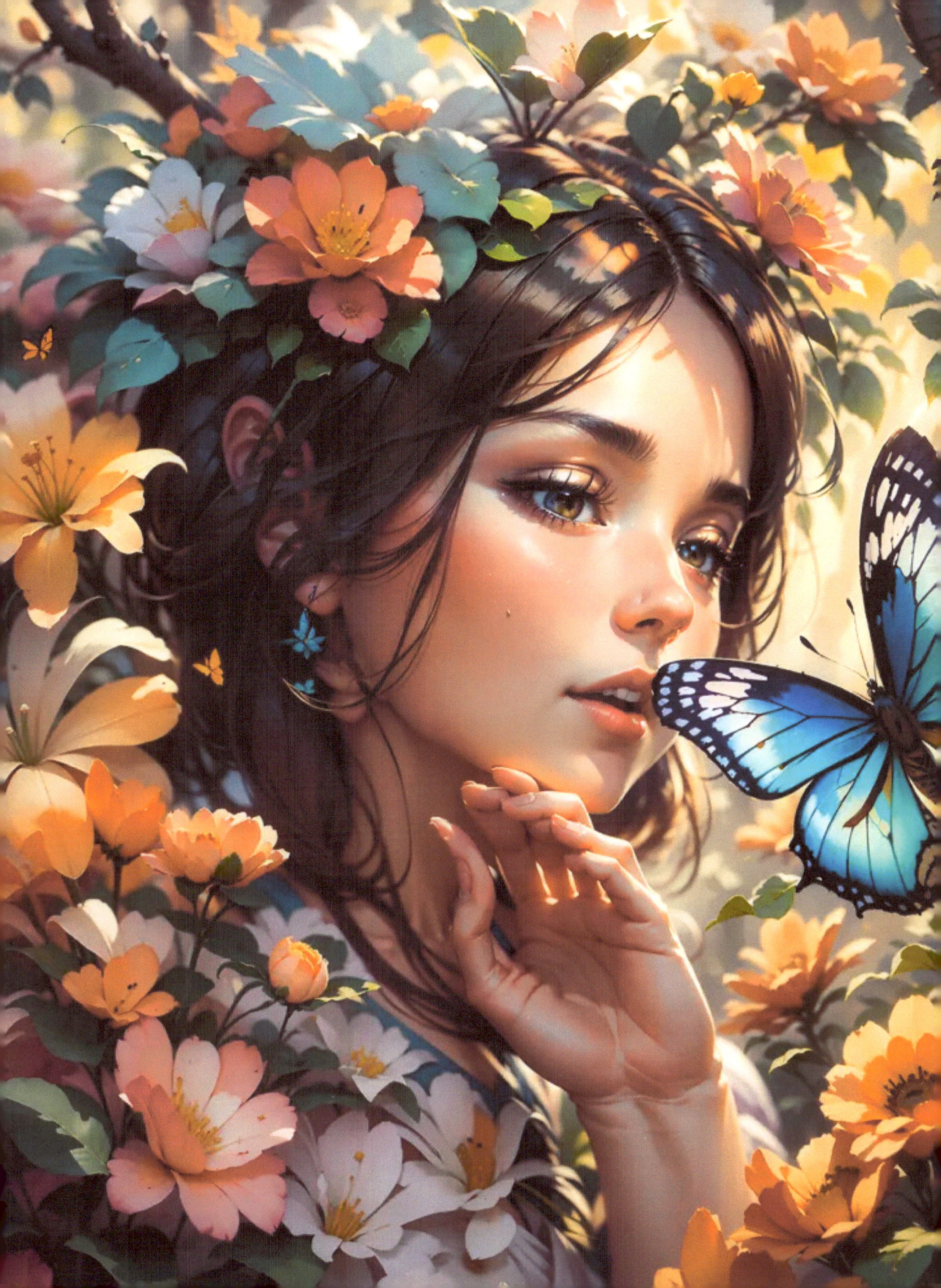

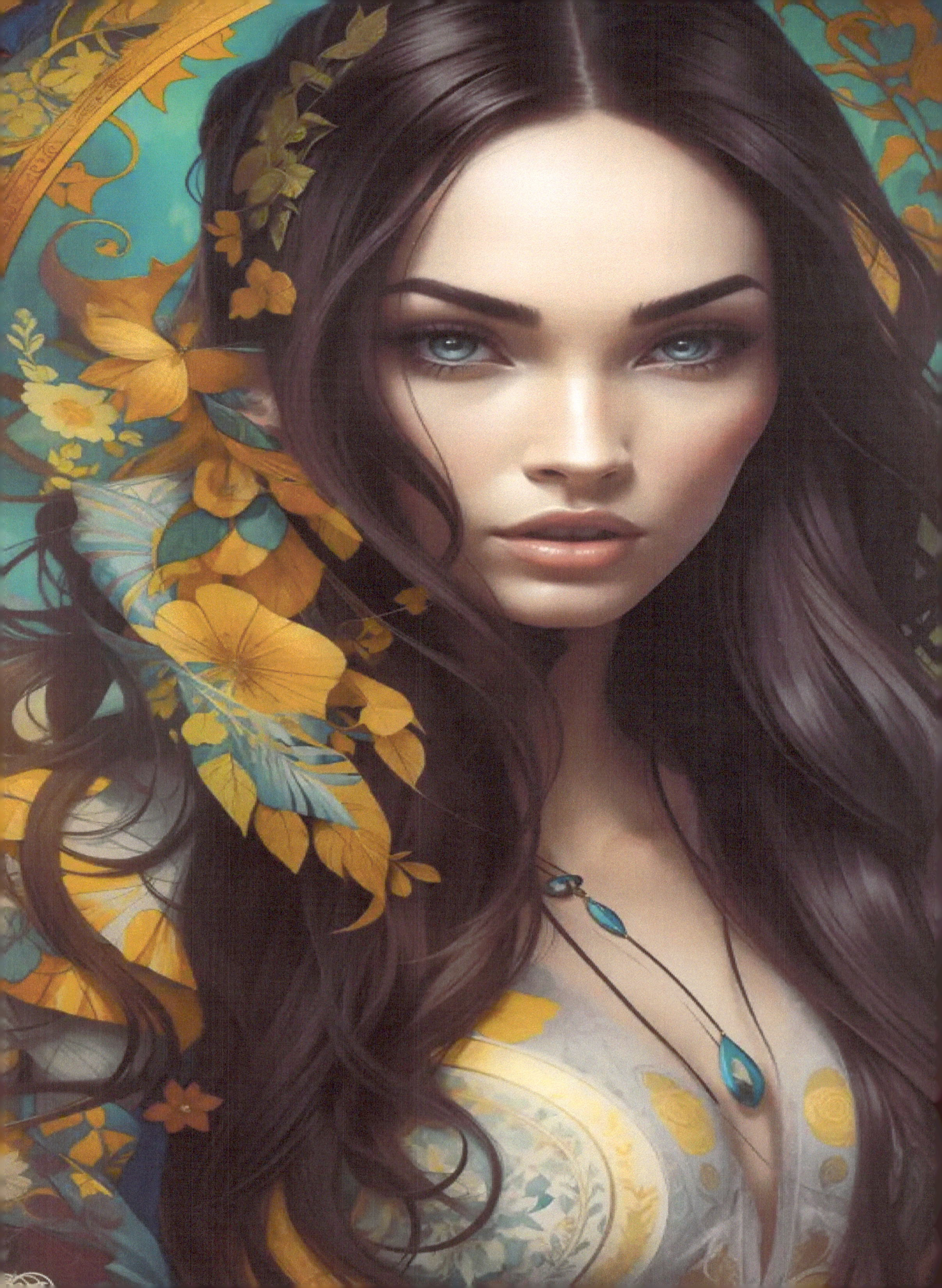

www.ingramcontent.com/pod-product-compliance
Lightning Source LLC
Chambersburg PA
CBHW060834290526
45792CB00006BB/1922
* 9 7 9 8 8 6 4 8 0 6 8 1 4 *